Rose Deroussas

und *Sonne brennt*
in Stein die Träume

Roman

édition belésprit

ISBN 3-9807083-2-2

©opyright 2003 bei

HOLDER VERLAG

édition belésprit

Inh. Dieter Fischer

Krebäckerstr. 21
D-71364 Winnenden

Herstellung:
Winnender Druck GmbH
D-71364 Winnenden

ISBN 3-9807083-2-2

Inhaltsverzeichnis

Sämtliche Photos:
Rose Deroussas

Vorwort der Autorin

Die einzelnen Episoden dieses Romans, die vorkommenden Personen und Namen sind frei erfunden. Real existent ist dagegen der Hauptschauplatz der Handlung: das Kunstzentrum „S'Estació" in Sineu, einer kleinen Stadt, die geografisch gesehen die Mitte der Insel Mallorca ist.

Dieses Kunstzentrum war fünfzehn Jahre lang Anziehungspunkt für Kunstliebhaber oder auch einfach nur Interessierte aus aller Welt und bot in seiner feinfühligen Konzeption einerseits Ruhesuchenden einen Ort der Kontemplation und andererseits auch Gelegenheit zur Kommunikation.

Was politische Willkür, Unvernunft und totale Ignoranz kultureller Werte dieser Einrichtung antaten, ist ein irreparables Vergehen an der Kunst und es war mir ein Bedürfnis, die fortschreitend destruktiven Phasen, die sich über ein ganzes Jahr hinzogen, festzuhalten.

Diese Phasen veranschaulicht eine sich um die Person des Gründers und engagierten Galeristen rankende Geschichte, deren Handlung jedoch ebenfalls frei erfunden ist. Leider real sind aber auch hierin die Verletzungen der Persönlichkeit eines sensiblen Ästheten, der vor den Trümmern seines Lebenswerks steht.

Meine Leser, die irgendwann also vielleicht an den Ort der Handlung reisen, werden vergeblich nach den von mir sehr nostalgisch geschilderten Idyllen in und um das Kunstzentrum suchen. Es gibt sie nicht mehr. Das Gebäude scheint sich seit dem rücksichtslosen Fällen der uralten Baumriesen, die es einst in Grün hüllten, seiner Nacktheit zu schämen und die bunte Skulptur, die über dem Eingang schwebt, müht sich redlich, den Blick vom Grau der Betonwüste abzulenken.

Drinnen jedoch arbeiten der Galerist und seine Mitarbeiter unermüdlich daran, die Wunden zu schließen, um den Menschen unserer schnelllebigen Zeit wieder einen Ort der Nachdenklichkeit und Ruhe zu verschaffen.

Rose Deroussas
August 2003

Sommer
im Süden

**Die Glut des Mittags
heizt die Mauern,
Asphalt kocht Mohn
mit Artemisia.**

**Siesta dämmert
durch die Ritzen
verschlossner Läden
in den Rosenduft**

**und Sonne brennt
in Stein die Träume.**

Erkl.: Artemisia absinthium = Wermut (Heilpflanze,
Vork. u.a. in Mittelmeerländern. Liebt steinige Plätze
und viel Sonne)

Prolog

Abendsonne verleiht den dunklen Gestalten auf dem Bahnsteig glühende Ränder und lässt sie lange, dürre Stockschatten werfen.
Vom Rostrot der schmiedeeisernen Aufhängung der Lampen und den Ornamenten der Stützen des Vordaches tropft Gold in die Spinnweben darunter...
Eine dunkle, hohe Thujahecke begrenzt das Bahnhofsgelände. An einer einzigen Stelle wird sie durchbrochen von einem wild gewachsenen Mandelbaum. Blüten schneien über die Szenerie und haften als rosafarbene Punkte auf dem Fell der schwarzen Katze, die geschmeidig auf einer der verrosteten Schienen entlangbalanciert. Einige Blättchen lassen sich wie Schmetterlinge auf dem straff zurückgebundenen, pechschwarzen Haar der schlanken Frau nieder, die in einem karminroten, wadenlangen Kleid graziös einer unhörbaren Musik folgend, an der Kante des Bahnsteigs tanzt. Die dichten Kissen gelbblühenden Sauerklees, die mühelos die Höhe überbrücken, bewegen sich in der leichten Brise in Wellen und man könnte denken, die Frau im roten Kleid tanze am Gestade eines goldenen Meeres.
„Dali!" denkt Judith, die zwischen den alten, ergrauten Schottersteinen Artemisia entdeckt hat und es pflückt, „der reine Surrealismus ist das!"

Nein, Züge fahren hier schon seit Generationen nicht mehr.
Und doch findet alltäglich das statt, was Bahnstationen eigen ist:
Ankommen, Begegnen, Verweilen, Abschied nehmen...
Vor Jahren hatte ein unverbesserlicher Idealist den alten Bahnhof aus dem Dornröschenschlaf gerissen, behutsam alles unter Beibehaltung der alten Stilelemente restaurieren und renovieren lassen:
Claudius Droste, ein erfolgreicher Galerist, installierte dort ein

Kunstzentrum, das dem Marktstädtchen Sineu in Mallorcas geografischer Inselmitte zu internationalem, kulturellem Ruhm verhalf.

Die äußerst künstlerfreundliche Konzeption und das große Engagement des Galeristen sorgten dafür, dass Maler und Bildhauer aus aller Welt sich glücklich schätzen, hier ausstellen zu dürfen.

Auf drei Stockwerken nimmt den Besucher zeitgenössische Kunst in ihren anspruchsvollsten Ausprägungen gefangen. Gedichte, Aphorismen, Parabeln und Zitate berühmter Menschen über Kunst begleiten ihn durch die Räume. Rilkes „Stufen" liest man Zeile für Zeile auf den Stirnseiten der Treppenstufen zum Obergeschoss...

Doch zurück zum Bahnsteig:

Es ist erst Mitte Januar. Und doch atmen die alten Mauern noch genügend Wärme aus, sodass in dieser Abendstunde um den niederen Tisch eine bunte Gruppe von Menschen sitzt, die sich angeregt und gestenreich unterhält.

Durch die Oleanderbüsche, Fächerpalmen, Buchsbäume und die ausladenden Birkenfeigen in ihren riesigen, teils schon bemoosten Terrakottatöpfen irrlichtert letztes Sonnengold und zaubert bewegte Muster auf Kleidung und Haut der Menschen.

Cora, die Frau im karminroten Kleid, hat ihren lautlosen Tanz beendet und sich dazugesellt. Judith, die Sonja, einer gelernten Apothekerin, stolz ein ganzes Bündel des Heilkrautes zeigt, reißt kleine Zweige ab und taucht sie in einige der Gläser auf dem Tisch.

„Ihr werdet sehen, das gibt dem Getränk eine ganz aparte Note - und gesund ist es auch noch, nicht wahr, Johannes?"

Johannes, Sonjas Mann, ist Arzt und hat sich auf Naturheilkunde spezialisiert. Judith zustimmend will er zu einer ausführlichen Erörterung über die Wirkungen von Artemisia absinthum ansetzen... Aber Sonja legt ihm liebevoll ihre Hand aufs Knie - was er sofort versteht und nur noch sagt: „Na ja, vor allem der Verdauung tut's gut. Deshalb wird es im mediterranen Raum viel bei der Herstellung von Apéritifs verwendet."

„Auf unsere Heilkundigen!" Nathalie, die rittlings auf einer der ebenfalls von Künstlern hergestellten 'Stuhlskulpturen' sitzt, hebt ihr Glas und rührt, bevor sie trinkt, kräftig mit dem Zweiglein um.

Judith greift ebenfalls nach einem Glas und meint dann ganz versonnen: „Ich würde am liebsten darauf trinken, dass jeden Abend ein klein wenig die Zeit stehen bleibt. Es herrscht um diese Stunde eine Stimmung hier, die alles ganz leicht und schwerelos erscheinen lässt. Vorhin, als ich die Szenerie von weitem beobachtete, dachte ich, dass die Skulpturen, die Pflanzen, diese Katze, ja, ihr alle mit, wirken wie die Sujets auf einem Dali-Gemälde. Der reine Surrealismus, finde ich!"

„Das finde ich nun gar nicht"

Claudius Droste, der Galerist, tritt eben aus dem Bahnhof, bleibt in der hohen Türöffnung stehen...

„Ich denke eher, die alten Meister hätten ihre Freude gehabt an den 'Lichtspielen' auf euren Gesichtern und auf all den Dingen hier! Wir sollten das fotografieren - und die Maler unter euch versuchen sich dann an diesem Motiv in ihren verschiedenen Arbeitsweisen!"

„Ein interessanter Vorschlag," meint Leander zustimmend.

„Und wenn ihr euch mit euren Arbeiten beeilt, können wir sie vielleicht als Illustrationen meines neuen Buches verwenden!" sagt Annia.

„Toll, wie die Ideen bei euch Kreativen so Hand in Hand entstehen," lobt in ihrer typischen, heiseren Sprechweise Dora, die über achtzigjährige Freundin mehrerer der anwesenden Künstler.

Claudius hat inzwischen eine Kamera geholt und sieht prüfend durch das Objektiv.

„Nathalie, dreh deinen Stuhl ein wenig nach rechts! Francesca, kannst du diesen wundervollen Spitzenschal über deine Haare legen? Cora, schau zu Manuel rüber - dein Profil ist toll! Leander, leg den Arm um Judith! Sonja und Johannes - ihr könnt genauso bleiben. Annia, wie wärs denn, wenn du dich auf den breiten Rand des Terrakottakübels unter die große Birkenfeige setzt? Ja, gut so - wie eine Elfe wirkst du da!"

Er macht eine ganze Serie von Aufnahmen nacheinander, gibt dann Margarita, seiner charmanten, mallorquinischen Mitarbeiterin, die

Kamera und bittet sie, die Fotos der - man war ja aufs modernste eingerichtet - Digitalkamera gleich auszudrucken.

„Ich denke, zuerst sollte ich noch ein paar Aufnahmen machen, auf denen auch Claudius drauf ist," meint sie und alle stimmen ihr zu.

Claudius, der sehr groß ist, stellt sich hinter die hohe Birkenfeige, unter der Annia sitzt, legt beide Zeigefinger rechts und links an seine Stirn und flaxt:

„Dann bin ich eben der Faun zur Elfe!"

„Komiker!" lacht Annia.

„Man merkt, dass er mal Schauspieler war!" stellt Leander trocken fest.

Nachdem Margarita nun noch einige Aufnahmen geknipst hat, setzen sich die Stehenden ebenfalls.

Claudius, der die zierliche Annia gerne wegen ihrer 158 Zentimeter aufzieht, schlägt ihr vor, er könnte für sie ein Baumhaus in die Birkenfeige bauen lassen, sie passe so gut da hinein.

Sie kontert mit einem ironischen „womit wieder einmal bewiesen wäre, dass Länge nicht immer auch Größe bedeutet!"

Claudius hält es für ratsam, das Thema zu wechseln.

„Hat unsere Kleine euch schon gesagt, dass sie das Manuskript für ihr neues Buch fertig hat, in dem einige von euch eine Hauptrolle spielen?"

„Klar," sagt Nathalie, „und sie wird es uns an den nächsten Abenden hier vorlesen!"

„Hier in S'Estació?"

„Wenn es dir recht ist?" Annia schaut fragend zu Claudius auf...

„Sehr angenehm. Ich liebe Premieren!"

„Steht denn der Titel schon fest?" will Leander wissen.

„Damit sprichst du mein größtes Problem an," sagt Annia, immer noch unter der Birkenfeige sitzend.

„Eigentlich wollte ich es „Wege zur Mitte" nennen. Damit würde einerseits ausgedrückt, dass durch die geschilderten Lebenswege und Episoden die jeweiligen Protagonisten ihrer eigenen Mitte näher kamen und andererseits, da sie ja alle hierher führten und Sineu bekanntlich die

geografische Mitte der Insel ist, auch der Bezug zu S'Estació hergestellt
Aber dann überlegte ich mir, dass man ja eigentlich das Buch lesen
müsste, um den Titel zu verstehen - was vielleicht nicht im Sinne der
Leser wäre. Der Titel sollte auf den Inhalt neugierig machen.
Anders als bei einem Gemälde oder einer Skulptur, die man visuell sofort
als Ganzes erfasst, muss der Leser sich den Inhalt über viele Seiten hin
erschließen... Dazu muss er durch den Titel motiviert werden."
„Stimmt!" pflichtet Leander ihr bei, „da haben wir von der malenden
Zunft es wesentlich einfacher mit den Titeln."
„Auf meiner weiteren Suche blätterte ich in Gedichten und fand eines,
das ich einmal auf dem Weg hierher geschrieben hatte. Ihr kennt diese
kilometerlangen und Jahrhunderte alten Trockensteinmauern, die
Generationen von Bauern beidseits der Wege und Straßen aufgehäuft
haben. Man kann sich vorstellen, wie viel Glück und Unglück diese von
der Sonne inzwischen völlig ausgebleichten Steine schon zu sehen
bekamen. Und wie viele hochfliegende Pläne und Träume sind wohl an
ihrem Saum hängen geblieben und wie die zartgrünen, jungen Triebe
von Schlingpflanzen auf ihrem sommerlichen Weg nach oben an den
glutheißen Steinen verdorrt?
Und daher werde ich als Titel die letzten beiden Zeilen des besagten
Gedichtes nehmen, die lauten
'......und Sonne brennt in Stein die Träume'.
„Schön," sagen Sonja und Nathalie gleichzeitig.
„Es hat mir viel Freude gemacht, eure Geschichten, die ihr mir im Laufe
der letzten Jahre hier bei Claudius anvertraut habt, aufzuschreiben und
zu verarbeiten. Manches werdet ihr nicht wiedererkennen - denn ab und
zu ging meine schriftstellerische Fantasie mit mir durch. Aber vielleicht
eröffnen sich dadurch auch für manche von euch neue Perspektiven
oder ihr seht das Erlebte durch meinen Spiegel anders. Ich danke euch
aber allen ganz herzlich für die Zustimmung dafür, eure Berichte
verwenden zu dürfen und bitte euch, es mir ehrlich und ungeniert zu
sagen, wenn ihr mit meiner Art der Darstellung, der Interpretation oder
meinen Schlussfolgerungen nicht einverstanden seid."

„Wir sind ja schon so gespannt!" meint Leander und bittet, den ersten Leseabend möglichst bald einzuplanen...

Francesca, die einzige Mallorquinerin in der Runde, nimmt mit einer ausholenden Bewegung ihren Spitzenschal vom Kopf, legt ihn sich wieder um die Schultern, räuspert sich dann etwas verlegen:

„Ich möchte Claudius keinesfalls den Premierenort streitig machen - aber ich hätte einen anderen Vorschlag: unser Hotel ist wegen diverser Renovierungen noch bis Ende nächster Woche geschlossen und ich könnte mir vorstellen, dass wir in unserem Kaminzimmer sehr gemütlich sitzen würden. Und nach der Lesung könnte meine Schwester Zarzuela jeweils eine ihrer mallorquinischen Spezialitäten für uns alle kochen. Was meint ihr dazu?"

„Ein wunderbarer Vorschlag!" Claudius scheint sogar froh darüber zu sein - insgeheim hatte er sich wohl schon Gedanken gemacht, welcher der Galerieräume das geeignete Ambiente für so etwas bieten könnte.

Auch alle anderen sind begeistert von Francescas Idee.

„Aber zwei, drei Tage Vorbereitungszeit müsst ihr Zarzuela und mir schon lassen. Was meint ihr also zu Samstag?"

„Es fällt uns zwar schwer, uns noch zu gedulden - aber die Aussicht, von meiner geliebten Tante Zarzuela bekocht zu werden, verdoppelt die Vorfreude," sagt Johannes, der der Sohn Francescas und eines verstorbenen, deutschen Künstlers ist.

Annia hat ihr 'Baumhaus' verlassen und legt Francesca die Arme um den Hals.

„Ich danke dir so sehr - moltes gracies, mi amiga! Ihr macht aus meinen kleinen Geschichten ein richtiges Fest."

Man stellt nun allgemein fest, dass es mit Einbruch der Dämmerung kühl geworden ist. Jeder greift - trotz des Protests der netten Mitarbeiterinnen, nach seiner Tasse oder seinem Glas und trägt sie nach drinnen in die kleine Teeküche.

In der geräumigen, hohen Bahnhofshalle, die noch den alten, polierten, originalen Steinbelag hat, verabschiedet man sich unter vielen Umarmungen.

„Also, dann bis Samstag so um halb acht!" sagt Francesca im Gehen und Sonja und Johannes haken sie beidseits unter.

Annia, Cora und Dora haben die für die nächste Ausstellung bereits aufgehängten Bilder von Nathalie und Leander noch nicht gesehen und bitten Claudius, sie ihnen zu zeigen.

Annia bleibt versonnen am Fuß der Treppe stehen. Leise liest sie die auf jede der Setzstufen geschriebenen Zeilen des Gedichtes 'Stufen' von Hermann Hesse...

„Ja. `Und jedem Anfang wohnt ein Zauber inne` - das wäre ein Traumtitel für mein Buch gewesen. Aber Hesse ist mir eben weit vorausgeeilt mit seinen menschlich so tiefgehenden Einsichten und Ansichten."

Der darauffolgende Samstag war ein stürmischer Tag. Annia und Nathalie, die beide seit Jahren den Januar und ein bis zwei Wochen im Februar in einem kleinen Hotel im Südwesten verbrachten, fuhren zu ihrer Freundin Dora, um diese zu der ersten Lesung abzuholen. Dora wohnte in Banyalbufar, an der felsigen Westküste der Insel und die beiden genossen die Strecke mit den atemberaubenden Ausblicken auf das tobende Meer besonders.

Sie waren vormittags zuerst noch in Valldemossa gewesen und hatten dort 'Cocas de Patate' gekauft, da Dora diese luftig-leicht gebackene Spezialität aus Kartoffelteig gerne aß. Annia, die aus Süddeutschland stammte, nannte sie 'Chopin-Dampfnudeln'.

Bei Dora mussten ausgiebig die 'Katzenkinder' gestreichelt und Neuigkeiten aus dem gemeinsamen Bekanntenkreis ausgetauscht werden.

Gegen halb sechs Uhr fuhren sie dann die wildromantische Küstenstraße Richtung Estellencs und Andratx entlang. Öfters hielten sie an, um besonders eindrucksvolle Ausblicke zu genießen.

Bei Einbruch der Dämmerung kamen sie in San Telmo an, das heute eigentlich Sant Elm heißt. Nathalie, die sehr temperamentvoll ist, wurde, wie jedes Mal, wenn sie an das Ortsschild kam, wütend und wünschte den 'bescheuerten' Gemeinderäten, die das beschlossen hatten, 'das Elmsfeuer ins Hirn'...

In einer kleinen Bar direkt über dem kleinen Hafen tranken sie einen Herbas und sahen zu, wie rund um die kleine Bucht und auf der vorgelagerten Insel Dragonera Lichter angingen.

Das Hotel, das Francescas Familie gehörte, thronte wie eine Raubritterburg auf einem außerhalb des Dorfes sich erhebenden Felsmassiv. Es war in U-Form gebaut, sodass die Gäste aus allen Zimmern aufs Meer blicken konnten und gleichzeitig auf der Landseite ein windgeschützter Innenhof entstanden war, in dem größere Festivitäten stattfanden.

In der Eingangshalle glaubte man, direkt aufs Meer zu sehen. Francescas verstorbener Mann, ein deutscher Künstler, hatte dort vor vielen Jahren die dem Eingang gegenüberliegende Wand in 'Trompe-l'oeil-Technik' gestaltet und genau den Blick durch eine geöffnete Terrassentüre auf die Bucht dargestellt...

Francesca begrüßte die drei sehr herzlich und brachte sie ein Stockwerk tiefer, wo alle anderen schon im Kaminzimmer um ein knisterndes Feuer saßen.

„Was möchtet ihr trinken? Herbas secas mit Eis?"

„Soll ich dir vielleicht einen Barhocker holen, damit wir dich auch alle sehen?" begann Claudius wieder mit dem inzwischen gewohnten, ironischen Spiel...

„Gerne. Dann kann ich endlich auch mal körperlich auf dich runtersehen!"

Claudius brachte einen der hohen Hocker.

„Wessen Geschichte liest du denn als erste vor?"

„Wenn Nathalie einverstanden ist, fange ich mit ihr an."

„Ja, sicher, wenn du denkst, dass ich die dickste Haut als Zielscheibe habe!" lachte diese...

„Und, wie schon gesagt, ihr dürft keinesfalls denken, dass jeder Buchstabe zutrifft. Eure Berichte haben mir als Gerüst gedient, auf das ich teilweise dicke Schichten von Stuck aufgetragen habe."

Die Geschichte habe ich mit dem Titel, bzw. dem Refrain eines alten Songs überschrieben:
„Irgendwie, irgendwo, irgendwann"
und sie beginnt da, wo unsere Nathalie größtenteils wohnt und lebt: in Südfrankreich, in der nördlichen Provence. Die Gegend heißt „Tricastin", was aus dem römischen Wort für „Drei Schlösser" abgeleitet ist. Die Hauptstadt des Tricastin hat dann im Namen das französische Wort: St. Paul-Trois-Châteaux.

Irgendwie, irgendwo, irgendwann

Der kleine, quadratische Platz mit dem Brunnen in der Mitte war weihnachtlich beleuchtet und geschmückt.
Die altehrwürdige Fassade des Hotels l'Esplan dominierte in mild orangefarbenem Licht, sodass es trotz der wegen der üblichen Betriebsferien geschlossenen Fensterläden keinen kalten, abweisenden Eindruck machte.
Auf dem breiten Rand des Brunnentrogs saß eine rötlich-beige getigerte Katze mit dickem Pelz, die sich, ungeachtet des heftigen Mistrals ausgiebig putzte und die Pfoten leckte, als hätte sie ihr Heilig-Abend-Menü schon verspeist.
Aus der Bäckerei - die Türe klemmte seit Jahren und konnte nur geräuschvoll quietschend geöffnet und geschlossen werden - traten zwei Kunden, den Arm voller Baguettes und Flûtes. Unter dem tiefen Torbogen zur Rue du Serf verabschiedeten sie sich, sodass ihre Festtagswünsche über den ganzen Platz getragen wurden.

Vor der kleinen Galerie mit dem stimmungsvollen Namen „Licht und Schatten" war ein alter Lieferwagen mit hochgeklappter Hecktüre geparkt.
Nathalie Drombusch, eine deutsche Malerin, die wie viele andere internationale Künstler in der Umgebung des Städtchens St. Paul-Trois-Châteaux lebte und arbeitete, war gerade dabei, ihre Weihnachtsausstellung abzuräumen. Romain, der Galerist, reichte ihr die großformatigen Bilder und sie verstaute sie in den offensichtlich speziell dafür eingebauten Halterungen senkrecht stehend im Wagen.
„So, das war nun das letzte!"
„Und was ist mit dem 'Roten Mistral'?"

„Das wollte ich dir eben als Weihnachtsüberraschung mitteilen," meinte Romain schmunzelnd. „Monsieur Artois, der mehrmals die Ausstellung besichtigt hat und sich nicht entscheiden konnte, hat es telefonisch gekauft und wird es auch heute am späteren Abend noch abholen."

„Du weißt schon, dass ich diesen Typ nicht mag? Eigentlich gefällt mir der Gedanke gar nicht, dass ausgerechnet dieses Bild bei ihm hängt!"

Lachend riet Romain ihr, sich doch einmal vor Ort anzuschauen, wo und wie es im Hause Artois platziert wäre - bestimmt hänge dieser offensichtliche Sturm der Leidenschaften im Schlafzimmer...

„Du bist unmöglich! Trotzdem: grüß Hélène von mir!"

„Na, so wie ich euch beide kenne, werdet ihr heute sicher noch telefonieren!"

Gerade, als Nathalie Romain die obligaten drei Küsschen links und rechts gab, hupte es.

Nathalie fuhr herum, sah einen riesigen, schwarzen Sportwagen mit deutschem Kennzeichen, der an ihrem quer vor der Galerie geparkten Auto natürlich nicht vorbeikam.

Drei Schritte genügten, um zu sehen, dass der Typ auch noch mit Hut und Mantel hinter dem Steuer saß, was sie als besonders spießig verabscheute.

Wütend herrschte sie ihn an, dass er ja wohl hier im Urlaub sei und vielleicht zwei, drei Minuten warten könne, bis schwer arbeitende Menschen fertig seien.

Der Mann, dessen Wangen und Oberlippen ein fast weißer, sehr kurzgeschnittener Bart zierte, musterte sie durch seine runden Brillengläser belustigt.

Wie eine Furie, mit förmlich gesträubten Haaren - ihr tizianroter Lockenschopf sah eigentlich immer so aus - beide Hände in dem in Taschen endenden Strickschal geballt, stand sie vor ihm und schimpfte immer weiter über sein für solche Gässchen hier unmögliches Fahrzeug und überhaupt, und, und...

„Mein Gott, sind Sie hübsch, wenn Sie wütend sind!" unterbrach er sie plötzlich.

Da war sie nun tatsächlich völlig verdutzt, schaute ihn an und ärgerte sich gleich wieder, dass sie die spottblitzenden Augen hinter den Brillengläsern anziehend fand.

„Sie haben ja auch recht, ich habe wirklich Zeit genug. Ich entschuldige mich hiermit in aller Form für mein blödsinniges Hupen. Darf ich Sie denn als kleinen Ausgleich für den Ärger zu einem Apéritif einladen?"

Irgendetwas an diesem impertinenten Hutgesicht fand sie sympathisch und sie hörte sich sagen:

„Na, wenn Sie so einsichtig sind, meinetwegen!"

Sie stieg in ihren Lieferwagen, parkte ihn vor dem verwaisten Hotel und gab ihm ein Zeichen, dass er sich daneben stellen solle.

Beim Aussteigen musste sie sich allerdings gleich wieder über die orts-unadäquate Überlänge des Fahrzeugs mokieren. Was sich bezogen auf seine Körpergröße fortsetzte, als er schließlich mit seinen kräftig gebauten 1,85 m - schätzte sie - vor ihr stand.

„Mon dieu!" rief sie, „alles eine Nummer zu groß für mich!"

Grinsend fasste er sie um die schmalen Schultern und sagte:

„Dafür heiße ich aber nur gaaaanz kurz Wolf. Wolf Sanders!"

„Hätte ich mir ja denken können!"

„Was?"

„Dass Sie einen einsilbigen Namen haben! „

„Wieso?"

„Na, weil ich mit Männern mit einsilbigen Namen noch nie Glück hatte!"

„Ach du liebe Zeit! Da muss ich wohl schweren Herzens zugeben, dass ich eigentlich Wolf-Dieter heiße, was ich schrecklich spießig finde."

„Na ja, wenn da noch zwei Silben im Hintergrund sind, werde ich Sie eben auch 'Wolf' nennen. Ich bin übrigens Nathalie."

„Ich wünschte, ich könnte wie Gilbert Becaud singen - dann würde ichs jetzt sicher tun..." spielte er auf Becauds vor Jahren sehr bekannten Chanson an.

Sie steuerte zielbewusst auf Jean-Marcs kleine Bar zu.

„Eigentlich komme ich ja nur mit Ihnen in ein Lokal, um drinnen zu sehen, ob unter dem frechen Hut noch Haare sind!"

„Ich werde mich also hüten, ihn abzunehmen, dann hält das Interesse länger an!"

„I -n - t -e -r -e -s -s -e ?"

„Was sonst?"

Insgeheim musste sich Nathalie eingestehen, dass ihr das Geplänkel allmählich Spaß machte und es ihr gefiel, wie geschickt er ihre 'Bälle' zurückgab...

Sie öffnete die Tür zur Bar sehr selbstbewusst und winkte beim Eintreten hierhin und dahin. Schließlich gab sie Jean-Marc, der hinter seinem Tresen hervorgekommen war, die obligaten Küsschen.

„Das hier ist Wolf - auf französisch 'Loup' -" stellte sie vor - und wortspielte dann anzüglich, dass es sich erst noch herausstellen müsse, ob er nicht eher ein 'Fi-lou' sei...

„Attention!" warnte Jean-Marc Wolf. Diese kleine Person sei ungeachtet ihrer Größe eine Löwin und nicht ganz ungefährlich. Dabei tätschelte er Nathalies Jeans-Rückseite, was Wolf insgeheim ziemlich deplaziert fand...

„Na, dann setzt euch mal in die Schmuseecke, ihr beiden Raubtiere und wetzt eure Krallen," witzelte Jean-Marc und zündete auf dem Tisch in der hintersten Ecke eine Kerze an.

„Wie immer?" fragte er Nathalie und sie nickte.

„Und was ist 'immer'?" wollte Wolf wissen.

„Ein 'Suze' ohne Eis."

„Hätte ich jetzt nicht gedacht, dass Sie was Süßes trinken!"

„Quatsch! Ein Suze ist ein herber Apéritif auf Artischockenbasis."

„Aha. Ich werde dann aber doch lieber einen Whisky ohne Eis nehmen," sagte er und bestellte in völlig korrektem Französisch.

Was ihr zwar gefiel, sie aber gleich wieder zu der Feststellung reizte, dass das in Südfrankreich, dem Stammland des 'Pastis', nur Intellektuelle und besonders vornehme Menschen, oder jene, die sich dafür halten, bestellen würden...

Als die Gläser vor ihnen standen, nahm er seinen Hut ab.

„Hab ichs mir doch gedacht!" kommentierte sie seinen kahlen, aber markanten Kopf.

„Schlimm?"

„Nein - ich bin kein Haar-Fetischist!"

„Gott sei Dank. Auf unser schicksalhaftes Zusammentreffen!"

„Schicksal? Ha, dummer Zufall!"

„Wie kann man in deinem Alter noch so eine Kratzbürste sein?"

„Bin ich erst durch Typen wie dich geworden!"

Verblüfft stellte sie fest, dass ihr das 'Du' ganz leicht von den Lippen ging.

Er beugte sich über den Tisch und küsste sie ganz zart hinters Ohr.

Danach räusperte er sich verlegen und begann zu erzählen, warum er hier sei. Er verbringe hier wie jedes Jahr seit seiner Scheidung Weihnachten mit seiner Ex-Frau und seinen beiden entzückenden, achtzehn und zwanzig Jahre alten Töchtern. Seine Frau habe damals darauf bestanden, dass sie das Ferienhaus bei St. Réstitut, das erst kurz vor der Scheidung gekauft worden war, bekäme. Er komme also nun schon das fünfte Mal hierher, um, da er ein sternedekorierter Hobbykoch sei, für seine Familie ein Weihnachtsmenu zu kochen. Er entnahm - ganz stolzer Vater - seiner Brieftasche mehrere Fotos seiner wirklich sehr hübschen Töchter, was Nathalie rührend sympathisch fand.

Sie selbst habe ebenfalls zwei erwachsene Kinder, Sohn und Tochter, aber leider keine Fotos dabei...

„Kannst sie mir ja dann demnächst mal zeigen."

„Demnächst?" Eigentlich tat ihr jedoch ihre eigene Stichelei schon leid.

„Erzähl doch mal, was du deiner Familie dieses Jahr so kochst!" sagte sie daher versöhnlich.

„Als Vorspeise gibt es eine Hummerterrine, die ich schon gestern vorbereitet habe. Danach essen wir einen kleinen Feldsalat mit Himbeeressig und kleinen Stücken von frisch gebratener Enten-Foie-gras. Der Hauptgang wird dann aus Entenbrust mit Wildreis bestehen und zum Dessert folgt als Krönung ein Lebkuchen-Soufflé."

„Respekt! Würde mir alles auch schmecken!"

„Wiederholungen sind in jeder anderen Küche möglich. Oder hast du keine?"

„Frechheit!- Zwar ist meine sicher weniger professionell wie eure - dafür klein und funktionell. Wie eigentlich alles in meinem Haus, dessen Grundmauern übrigens aus dem 15. Jahrhundert stammen!"

„Und - lebst du da alleine?"

„Meistens. Seit zwei Jahren, ja."

Die Unterhaltung wurde ihr nun eigentlich zu persönlich und sie sagte daher reserviert:

„So, du wirst sicher demnächst deinen Profiherd anheizen müssen - und ich muss auch nach Hause, da ich heute Abend bei meinen Nachbarn eingeladen bin! Es war nett, dich kennengelernt zu haben, Wolf Sanders!"

„Müssen wir beide uns denn noch mit solchen banalen Förmlichkeiten aufhalten?" fragte er weich. Und fügte hinzu: „Du willst mich doch genauso gerne wiedersehen, wie ich dich!"

Sie vergrub ihre Hände in den roten Locken und stützte den Kopf auf.

Während er sich eine ihrer Locken um seinen Zeigefinger wickelte, sagte er:

„Hör zu. Morgen gibt es bei uns traditionell nur einen Brunch, der so bis vierzehn Uhr etwa dauern wird. Danach werde ich meine Familie bitten, mich zu entschuldigen, sodass ich sicher gegen 16 Uhr bei dir sein könnte. Du kannst mir deinen Weihnachtsbaum zeigen, mir einen Kaffee servieren, wir unterhalten uns ein bisschen, und abends lade ich dich zum Essen ein. Allerdings müsstest du selbst die Reservierung übernehmen, da ich hier nur wenige Restaurants kenne!"

„Eigentlich geht mir das alles viel zu schnell!"

„Ab morgen nicht mehr - da haben wir dann viel Zeit! Wo wohnst du denn eigentlich?"

Wortlos nahm sie eine ihrer Künstler-Visitenkarten aus ihrer Tasche und erklärte, das Dorf sei etwa zehn Kilometer von hier entfernt. Wenn er allerdings die engen Serpentinen zu ihrem Haus mit seinem unangepassten Fahrzeug nicht hochfahren könne, müsse er´s eben unten an der Bar abstellen und zu Fuß gehen. Im übrigen sei ihr weißes Gartentor direkt in der vierten Spitzkehre der Auffahrt zum Schloss.

„Na, dann kann ja nichts mehr schief gehen," rettete auch er sich in einen bewusst trockenen Ton, setzte seinen Hut auf und legte Nathalie ihr dickes Wollcape um die Schultern.

Als sie ins Freie traten, hatte der Mistral noch zugenommen und Wolf musste seinen Hut festhalten.

„Willst du's nicht besser mal mit einer Skimütze versuchen?"

„Du kannst's nicht lassen! Hier hast du deine gerechte Strafe," sagte er heiser und küsste sie, dass ihr ganz schwindlig wurde, ließ sie dann abrupt los, öffnete ihr die Autotüre und schob sie hinein.

„A demain, ma petite!"

Danach stieg er in seinen eigenen Wagen und fuhr los, ohne sich noch einmal umzudrehen.

Nathalie saß noch eine Weile in ihrem alten Lieferwagen und versuchte, die kuriosen Ereignisse zu verarbeiten.

„Wer hat mir denn diesen komischen Weihnachtsmann auf den Hals geschickt?" fragte sie sich - „und was, bitte, soll denn das werden?"

Schließlich gab sie sich einen Ruck, fuhr nach Hause, räumte ihre Bilder in den Lagerraum neben dem Atelier und nahm dann ein heißes Bad. Prüfend blickte sie sich danach im Spiegel an. Seit Roberts Tod vor zwei Jahren hatte sie jeden Flirt beendet, bevor er zu intensiv werden konnte. Dieser Wolf Sanders würde daran nichts ändern...

Gegen 23 Uhr verabschiedete sie sich nach einem wahrhaft opulenten Essen von ihren Nachbarn. Als sie ihre Haustüre aufschloss, klingelte das Telefon.

Wolf wollte ihr eine gute Nacht wünschen und schlug vor, ihr morgen zum Kaffee ein Lebkuchen-Soufflé zu machen.

„Schön. Ich freu mich drauf!"

„Nur aufs Lebkuchen-Soufflé?"

„Dummkopf!"

In dieser Nacht träumte sie, die Sterne des großen Wagens, die sie bei ihrer Rückkehr aus dem Nachbarhaus direkt über dem Schloss hatte funkeln sehen, fielen wie Sternschnuppen vom Himmel. Glitzernd blieben sie auf einem großen, schwarzen Schlitten liegen, der sich jedoch plötzlich in ein Sportcoupé verwandelte. Peitschenknallend saß ein Weihnachtsmann mit roter Troddelmütze am Steuer. Allerdings war sein Bart extrem kurz und seine Augen blitzten lustig hinter runden Brillengläsern. „Sieh mal, was ich für dich habe!" rief er und schüttelte aus seinem Sack Tausende von roten, rosafarbenen und weißen Rosen. Immer mehr davon fielen auf sie nieder, das Sportcoupé fegte über die Milchstraße davon und der Weihnachtsmann rief noch: „Jetzt beginnt dein 'Vie en rose'!" Sie begann, unter den immer dicker werdenden Schichten feucht-weicher Blütenblättchen nach Luft zu ringen, glaubte, zu ersticken. Schweißgebadet wachte sie auf, schalt sich dafür, selbst im Schlaf noch unter krankhafter Klaustrophobie zu leiden und trat auf ihre Terrasse hinaus. Das ganze Tal lag in friedlichem Dunkel. Die - für das kleine Dorf völlig überdimensionierte Kirche auf dem Berg leuchtete in mildem Orange und am Himmel strahlten die Sterne, denen sie sich hier schon immer näher gefühlt hatte als anderswo.

Das läge einfach an der hier viel klareren Atmosphäre - hatte ihr mal einer ganz rational zu erklären versucht...

Sie suchte Regulus, den hellen Stern im 'Fuß' des Löwen, den sie zu ihrem ureigensten Stern erklärt hatte und murmelte, als sie ihn gefunden hatte, beruhigt:

„Es dauert ja noch eine ganze Weile, bis dein Licht mich einholt." (Jeder Lichtstrahl, den dieser Stern aussendet, braucht 85 Jahre, um die Erde zu erreichen.)

Den Rest der Nacht schlief sie traumlos gut.

Der Weihnachtsmorgen erwachte mit strahlendem Sonnenschein bei allerdings nur vier Grad über Null.

Bei Kaffee und ihrem obligaten Glas warmen Wassers überlegte Nathalie, wo man abends essen gehen könnte. In Frankreich gehen nämlich sehr viele Familien am Weihnachtstag essen!

Ihr Lieblings-Restaurant, das 'Esplan' in St.Paul, vor dem sie Wolf gestern getroffen hatte, war ja leider noch bis Mitte Januar geschlossen. Und in den drei anderen in der Nähe, die sie kannte, sagte man ihr beim Anrufen bedauernd: „Désolé - nous sommes complet!"

Kaum zwei Kilometer entfernt war jedoch im Jahr zuvor in einer großen, alten Ferme ein ländlich-stilvolles Hotel eröffnet worden, dessen Restaurant sie allerdings noch nicht kannte. Nachbarn hatten ihr erzählt, man esse recht gut dort.

„Versuchen wir's!" sagte sie sich, rief an und bekam tatsächlich noch einen Tisch.

Danach fühlte sie sich verpflichtet, ihre Küche zu putzen - vielleicht war er ja ein Pedant...

Um die Mittagszeit fand sie, dass es nun reiche, ging in ihr Atelier und setzte die Ängste ihres Traums in Form und Farbe um.

Kurz vor drei Uhr kämpfte sie mit dem Gedanken, einfach wegzufahren, nicht da zu sein, wenn er kam.

„Unsinn," schalt sie sich. „Davonlaufen nützt nichts - ist ja auch gar nicht meine Art..."

Sie zog einen dunkelbraunen Strick-Hosenanzug an, setzte sich auf ihre Terrasse, wo es nun immerhin fünfzehn Grad hatte. Gleich darauf hörte sie einen Wagen die Serpentinen hoch kriechen. Das konnte nur er sein, denn in jeder der Haarnadelkurven musste er mindestens zweimal zurücksetzen.

Ziemlich hämisch grinsend baute sie sich vor ihrem Gartentor auf, damit er nicht womöglich auch noch eine Kurve zuviel nähme...

„Vielleicht schaffst du's ja, die Kiste dort unters Dach zu stellen," lachte sie ihn durchs Wagenfenster an.

Brav parkte er das Auto, kam dann mit einem neckischen Körbchen, das absolut nicht zu ihm passte, und über dem auch noch eine bayrisch-blau-weiss-gewürfelte Serviette lag, zurück.

„Im Märchen bringt aber nicht der Wolf das Körbchen zur Großmutter," spottete sie und er erkundigte sich, ob sie ihm nicht zur Abwechslung mal was Nettes sagen könne.

„Doch, du bist der erste Mann mit Hut in meinem Leben!"

„Na, das hab ich mir schon immer gewünscht, mal der Erste zu sein..."

Er stellte das Körbchen ab, beugte sich zu ihr, küsste sie, fand, dass dieses kastanienbraune Strickzeug toll zum Rot ihrer Haare passe, wickelte sich eine ihrer Locken um den Zeigefinger und fragte:

„Warst du schon immer rothaarig?"

„Nein."

„Erzählst du mir mal, warum du errötet bist?"

„Vielleicht."

Aus ihren knappen Antworten schloss er, dass sie nicht darüber reden wollte und lenkte mit einem fröhlichen

„Also, dann auf in die Küche!" ab.

„Alle Wetter! So eine blitzsaubere Küche hätte ich bei einer Künstlerin nicht erwartet!" staunte er dort.

„Typisches Vorurteil - Kreativität bedeutet nicht unbedingt Chaos!"

Er stellte seinen Korb auf einen der Stühle und sah sich weiter ungeniert in der Küche um, öffnete den Kühlschrank, die Backofentüre, zwei, drei Türen von Geschirr- und Vorratsschränken, zog mehrere Schubladen auf.

„Ob ich die Zutaten für dein Soufflé habe, weiß ich nicht," maulte sie, da seine Neugierde sie störte.

„Das meiste hab ich dabei - hast du einen Schneebesen?"

Wortlos nahm sie das gewünschte 'Werkzeug' von einem Haken an der Wand.

„Förmchen habe ich in verschiedenen Größen," bot sie ihm an.

„Auch die hab ich mitgebracht."

„Du scheinst ja kein großes Vertrauen in meinen Haushalt zu haben!"

„Sei nicht eingeschnappt, ma petite. Weißt du, so ein Soufflé ist 'ne heikle Sache - da nimmt man besser das gewohnte Geschirr! - Verflixt, jetzt hab ich doch was vergessen! Hast du Bier da?"

„Biiiiiier?"

„Ja, richtig delikat wird's nämlich erst, wenn man dazu eine Bierschaumsoße isst!"

„Degeneriertes Rezept!"

„Von wegen degeneriert! Das haben schon die Klosterherren im Mittelalter so genossen. Hast du nun Bier oder nicht?"

„Klar. Pils, Export, Helles, Dunkles, Weizenbier?"

„Wofür hast du denn soviel Bier da?"

„Um die südfranzösischen Handwerker zu bestechen."

„Mich könntest du jetzt mit einem dunklen bestechen."

„Pffff!" machte sie, ging dann jedoch in den Keller und holte eine Flasche.

Als sie zurück kam, hatte er bereits den Backofen eingeschaltet und ein flaches Kuchenblech mit Wasser gefüllt.

Sie öffnete die Flasche, reichte sie ihm.

„Danke. Wir trinken zum Soufflé zu Hause übrigens einen gut gekühlten 'Vin de Noix' (Nusswein)."

„Auch den gibt's bei mir zu Hause!"

„Respekt! Meine kleine Künstlerin ist eine 'Gourmandise'!"

Sie holte zwei ihrer schönsten, venezianischen Gläser, ließ in jedes zwei Eiswürfel gleiten und goss den Nusswein darüber.

„Sehr schön," stellte er fest, als sie ihm eines davon gab und sie freute sich, dass er anscheinend auch an solchen Dingen Freude hatte.

Dann krempelte er sich die Hemdärmel hoch. Seine Arme waren trotz der sonnenarmen Winterszeit gebräunt und (zum Glück! dachte sie) wenig behaart.

„Gibt's eine Schürze hier?"

Lachend reichte sie ihm eine, die sie vor Jahren als Werbegeschenk in der Weinkellerei bekommen hatte, in der sie ihren 'Sonn- und Festtagswein' kaufte.

Er band sie sich um, fragte, ob er ihr so gefiele und schimpfte, als sie spitz meinte, der Kochhut fehle eben noch:

„So, du freches Stück, jetzt mach mal Musik, deck den Tisch und verhalte dich ansonsten ruhig!"

Geschäftig entnahm er dann einem ihrer Schränke eine Rührschüssel, zerteilte Eier, schlug Eischnee auf, rührte, füllte in Töpfchen, schob sie im Wasserbad in den Ofen, rührte wieder in einem kleinen Topf im Herd, schüttete Bier hinein, probierte, sagte: „Etwas fehlt noch. Ah, da ist ja sogar ein Rosmarin-Honig da! Genau das Richtige!"

Und kaum zwanzig Minuten später war er fertig.

Die Soufflés waren perfekt gelungen, wundervoll schaumig-leicht und die Biersoße schmeckte einfach köstlich.

„Es kostet mich nicht mal Überwindung, dir jetzt was Nettes zu sagen: Ich habe selten ein besseres Soufflé gegessen!"

„Selten? Also doch eine Einschränkung?"

„Also gut. Noch nie!"

Sie tranken Espresso und danach zeigte sie ihm ihr Haus. Oft musste er sich bücken, denn die Übergänge der verschiedenen alten Gebäudeteile waren nicht für Menschen mit 'Gardemaß' gemacht.

Draußen war es bereits dunkel, als sie auf die Terrasse traten, wo sie mit einer weit ausholenden Geste auf die Aussicht zeigte. Im Tal, im Nachbardorf und vereinzelt an den Hängen ringsum brannten überall schon Lichter.

„Und, siehst du ganz dort hinten weit oben, das einzelne Licht?"

„Der Abendstern?"

„Nein, der Gipfel des Mont Ventoux!"

„Muss ich mir unbedingt anschauen, wenn's hell ist!"

„Wenn du mir wieder so was Leckeres kochst, darfst du ja vielleicht wiederkommen."

„Wünsche werden entgegengenommen!"

Er legte von hinten beide Arme um sie, drückte sie an sich.

„Zeigst du mir denn noch dein Atelier? Ich bin so gespannt auf deine Bilder, denen ich's ja eigentlich verdanke, dass wir uns kennengelernt haben."

Sie freute sich über sein Interesse und noch mehr darüber, dass die Bilder ihm offensichtlich sehr gefielen.

„Bei diesem auf der Staffelei könnte man denken, es fiele eine Wolke aus lauter Rosen vom Himmel," kommentierte er das erst mittags Gemalte, auf dem sie ihren Traum umgesetzt hatte. Sie war verblüfft, dass er das trotz der Abstraktion erkannt hatte - den Anlass dafür erzählte sie ihm aber nicht...

„Wo hast du uns denn für heute Abend angemeldet? Hoffentlich nicht weit entfernt?" fragte er, als sie in der kleinen, gemauerten Sitzecke vor dem Kamin Platz genommen hatten.

„Nein, nein - keine zwei Kilometer weg. Nur muss ich dir gleich sagen, dass ich noch nicht selbst dort war, und nicht weiß, ob die Küche dort einem Gourmet wie dir genügt!"

„So anspruchsvoll bin ich nun auch wieder nicht, ich liebe durchaus die ländlich-einfache Küche. Außerdem wird's mir mit dir sicher überall schmecken."

Sie hatte eine Platte von Marie Laforet aufgelegt, und während diese das wunderschöne Lied vom „Couvent des Ursulines" sang, zog sie die Beine auf die Bank, lehnte sich an ihn und spürte, welche Wärme von ihm ausging.

Eine Wärme, die sie seit langem vermisste...

Warum sich nicht endlich wieder einmal fallen lassen? Eintauchen in diese Schwerelosigkeit?

Er legte den Arm um sie, vergrub sein Gesicht in ihren Haaren.

Erfülltes Schweigen.

Die Geräusche, die der zurückschwenkende Tonarm am Ende der Platte machte, ließen ihn aufhorchen.

„Sag bloß - hast du etwa noch so einen guten, alten Plattenspieler?"

„Klar. Bei mir gibt's - einschließlich meiner Person - nur Antiquitäten!"

„Ach, mein Kleines. Wenn du wüsstest, was für ein Fossil neben dir sitzt! Ich sag's dir lieber gleich: ich bin schon dreiundfünfzig!"

„Drei - und - fünfzig?" Sie schaute ihn ziemlich entgeistert an.

Bedauerndes Nicken.

„Dann bin *ich* fünf Jahre älter als du!"

„Das glaub ich aber jetzt nicht!"

„Wirst du wohl müssen, du haarloser, älterer Jüngling!"

„Was sind Haare, was sind Jahre - ´nur die Liebe zählt´, gab's mal einen sehr treffenden Buchtitel."

„Wenn wir gerade bei Geständnissen sind: die roten Haare habe ich erst seit zwei Jahren. Damals verlor ich nach einer langen, sehr glücklichen

Zeit meinen Lebensgefährten. Während seiner kurzen, aber hoffnungslosen Krankheitswochen wurden meine Haare schlohweiß.

„Das passt gar nicht zu dir, ma puce!" sagte er. „Lass sie färben. Rot würde deinem Temperament entsprechen. Tu's mir zuliebe." Also ließ ich mir weinend die Haare färben. Er war begeistert, wollte aus der Klinik nach Hause, scherzte, dass ihn dieses 'Feuer' gesund werden lassen würde.

Drei Tage später starb er an Nierenversagen, verursacht durch die immer höhere Dosierung der starken Schmerzmittel..."

Betroffen strich er ihr ganz zart übers Haar.

„War das hier?"

„Nein, nein. Er hatte ein großes Haus in Fontvieille und war eigentlich Schweizer. Zu dem Anwesen, das der Familiensitz war, gehörte ein ganzer Berg oberhalb des Neuchâteller Sees. Allerdings war *er* fünfzehn Jahre älter als ich."

Sie griff nach oben, zum Kaminsims, nahm ein Foto in einem geschnitzten, ovalen Rahmen herunter und gab es Wolf.

„Das war er."

Wolf schaute das Foto nachdenklich an. Dieser Mann mit dem vollen, graumelierten Haar war ein so völlig anderer Typ als er selbst.

„Ich bin sehr froh, dass du mir das gezeigt hast," - und dann riss er sie beide mit der betont sachlichen Frage aus der elegischen Stimmung, auf wann sie denn den Tisch bestellt habe.

„Mon dieu," - sie blickte auf ihre Uhr -" in einer Viertelstunde!"

„Na, dann beeil dich mal, ma petite!"

Das Ambiente in der Ferme mit den lavendelblauen Fensterläden war weihnachtlich stimmungsvoll und sie fühlten sich beide sofort wohl. Es gab ein spezielles, ziemlich opulentes Menu, aus dem sie zwei Gänge strichen. Lachend stellten sie fest, dass sie sich für dieselben entschieden hatten.

„Kannst du mir behilflich sein?" fragte er, ratlos in die Weinkarte blickend. „Leider habe ich hier nie genug Zeit verbracht, um mich über die regionalen Weine zu informieren."

„Na, da hast du aber was versäumt! Es gibt im Tricastin sehr gute Weine. Und nicht nur gute Weine - auch anderes, was Gourmets zu schätzen wissen, gibt es hier: die Trüffel sind berühmt."

„Bis jetzt kannte ich nur die aus dem Périgord."

„Mancher Kenner hält unsere hier für besser. Du solltest mal im Februar oder März kommen, da veranstaltet das Hotel l'Esplan – weißt du, da, wo wir gestern Abend geparkt haben, „Trüffelkurse", bei denen die Gäste wirklich umfassend informiert werden und sogar einmal mit einem 'Truffier' und seinem Hund auf die Suche gehen können. Und Menüs gibt es dann - einfach göttlich!" schwärmte sie.

„Mach mir nur nicht zuviel Appetit, meine Kleine - sonst verspeise ich dich zum Dessert!"

„Langsam, langsam," rügte sie und wandte sich dem Kellner zu, der die Bestellung aufnehmen wollte.

Selbstsicher entschied sie, dass ein Vionnier von einem Château in der Nähe zur Vorspeise und ein roter 'Vieux Micocoulier' zum Fleisch und zum Käse gut passen würden - nicht wahr? fragte sie den Kellner, der anerkennend „Parfait, Madame!" sagte.

Wolf war, als er die Weine kostete, begeistert von ihrer Wahl - auch das Essen fand er 'bodenständig gut'.

Beim letzten Schluck Rotwein meinte er, er könne sich nicht erinnern, je ein schöneres Weihnachtsfest erlebt zu haben - und: „meinst du, die haben noch Zimmer frei?"

„Zimmer? Wieso?"

„Weil ich morgen eigentlich abreise."

„Eigentlich?"

„Ja, bei meiner Familie. Aber ich könnte noch bis Silvester bleiben, wenn du möchtest."

„Es ist zwar erstaunlich - aber ich möchte."

Sie ließen sich mehrere Zimmer zeigen und er entschied sich für eines, in dem ein Himmelbett von riesigen Ausmaßen stand. Sie beherrschte sich, keinen anzüglichen Kommentar abzugeben...

Früherer Garteneingang von S'Estació

Sonnenuhr in der Provence

Markt vor dem Hotel l'Esplan
in St. Paul-3-Châteaux

Madame an der Rezeption blickte pikiert von Nathalie zu Wolf, als dieser das Zimmer für sechs Nächte als Einzelzimmer bestellte - und erst recht, als Nathalie einwarf, Frühstück nehme der Herr bei ihr, sie wohne in der Nähe...

Er fand es ganz reizend von ihr, ihn zum Frühstück einzuladen - ob er jetzt noch 'ein Glas Wein' bei ihr bekomme?

„Eines, ja."

Er hielt es dann auch brav ein, streckte es auf eine weitere Laforet-Langspielplatten-Länge...

Dass ihr 'Hauswein' derselbe war wie der, den sie eben im Restaurant getrunken hatten, schmeckte er sofort, fragte, ob sie mit ihm mal zu der Domaine fahren könnte, wo es ihn gebe.

In glücklichem Einverständnis verträumten sie den Rest des Abends am Kamin...

War es die Lockerung durch den Wein, oder war er schon geübter? Auf dem Rückweg nach unten nahm Wolf die Serpentinen wesentlich schneller.

Und am nächsten Tag ging es sogar noch besser...

Er hatte seinen Koffer schon ins Hotel gebracht und sein Zimmer bezogen. Danach hatte er in einem Blumengeschäft (in Frankreich ist der zweite Feiertag ein fast normaler Werktag) einen riesigen Strauss aus roten, weißen und rosafarbenen Rosen binden lassen, der sicher ein Vermögen gekostet hatte. Nathalie bemühte sich, ihr Erschrecken zu verbergen, fiel ihr doch sofort der Albtraum der vorletzten Nacht ein.

Als er sie ihr überreichte, zeigte er lächelnd auf den kleinen Anhänger des Geschäfts:

„Ist das nicht sehr romantisch und für uns passend, dass der Laden „la vie en rose" heißt?"

„Doch. Und ich danke dir sehr, die sind wirklich wunderschön. Aber weißt du, soviel Geld für Schnittblumen auszugeben, ist purer Luxus. Ich freue mich genauso über eine kleine Topfpflanze!"

„Sparsam bist du also auch noch?"

„Zwangsläufig. Mein geregeltes Einkommen ist nicht gerade üppig, und so eine antike Immobilie ist nicht sehr preiswert zu unterhalten."

Er schaute anerkennend an dem verwinkelten, ganz mit Natursteinen gemauerten oder verkleideten Gebäude hoch und meinte, von außen wirke es eigentlich viel größer als es innen sei.

„Das liegt an den teilweise sechzig Zentimeter dicken Mauern. – Übrigens, hast du heute auch noch gebruncht mit deiner Familie?"

„Nein, nur gefrühstückt."

„Wie wär's dann mit Langostinos? Die waren in meiner Single-Küche heute vorgesehen."

„Gerne".

„Dann mach mal diesen Wein hier dazu auf! Ein Glas davon können wir gleich zum Apéritif trinken."

„Muscadet?" las er und schaute sie ungläubig an, „zu Langostinos?"

„Willst du wirklich sagen, du kennst den Unterschied zwischen Muscat und Muscadet nicht?"

Betretenes Kopfschütteln.

„Muscadet ist sogar der ideale Wein zu Meeresfrüchten - ein sehr trockener, relativ leichter Weißwein aus dem atlantiknahen Loire-Gebiet."

„Da schau an, was ich auf meine alten Tage noch von dieser kleinen Person lerne!"

Sie hatte die Langostinos auf einem kleinen Salat angerichtet, wendete dünne Baguette-Scheiben kurz in der Pfanne in Knoblauchbutter und er meinte, es schmecke so gut, dass es glatt von ihm sein könnte...

Nach einem Kaffee, zu dem er noch von ihr selbst gebackene Vanillekipferl und mit Feigenkonfitüre gefüllte Plätzchen kosten durfte, fragte er erwartungsvoll, was sie heute mit ihm vorhabe.

„Du kennst die Gegend hier also nicht?"

„Leider, nein."

„Vertraust du dich mir an?"

„Bedenkenlos."

Als sie bald darauf in ihrer Fourgonette saßen, stellte er fest, dass es eine Freude sei, ihr beim Fahren zuzusehen und sie riet ihm streng, besser die ihm unbekannte Landschaft zu betrachten.

Über Pont-St.Esprit fuhr sie zur Nationale Nr. 86, durch idyllische, stille Dörfer Richtung Nîmes, bog schließlich in eine schmale, geschotterte Nebenstraße ein, und hielt nach wenigen Metern vor einer kleinen, alten Hängebrücke. Sie befanden sich offensichtlich auf einer Halbinsel zwischen alter Rhône und Rhône-Kanal.

Die Brücke, deren Bohlen bereits einige Löcher aufwiesen, führte auf eine wirkliche Insel.

Er betrachtete sie misstrauisch, aber sie zog ihn lachend über die Bohlen und sagte, das sei schon seit mehr als zwanzig Jahren unverändert so und werde nicht gerade bei Wolf Sanders zusammenbrechen.

Vor einem alten Mauerrest nahm sie dann ihr Wollcape ab, legte es über die Steine, setzte sich, zog ihn zu sich und erklärte, das hier sei der Anfang ihrer provenzalischen Träume gewesen.

„Schön. Und warum blieb es ein Traum?"

„Man sagte mir damals, es sei absolut unverkäuflich, da es der EDF, also der Elektrizitätsgesellschaft gehöre."

Er legte den Arm um sie, strich ihr die Haare, die der leichte Wind ihr ins Gesicht wehte, aus der Stirn.

„Kennen wir uns wirklich erst seit vorgestern?"

„Aber ja, denn bis vor zwei Tagen waren Männer mit Hut für mich ältere Herren ohne jeden erotischen Reiz."

„Und nun?"

„Küss mich, und untersteh dich, den Hut abzunehmen!"

Lange saßen sie noch auf der kleinen Insel. Sie erzählte von Châteauneuf-du-Pape und den berühmten Weingütern, die sie alle zu kennen schien. Auf seine Frage, warum, antwortete sie kokett, alle ihre Männer bisher seien Gourmets und Weinkenner gewesen.

„Dann muss ich mich ja ganz schön anstrengen, nicht mehr solche faux-pas wie mit dem Muscadet zu begehen."

„Ach, du bist ja noch jung und sicher lernfähig," scherzte sie.

Als es dunkel wurde, fuhr sie nach Orange und sie tranken einen Apéritif in einer kleinen Bar direkt am 'Theatre Romain'.

Danach nahm sie ein kleines Stück Autobahn, denn sie wollten abends wieder in der Ferme essen, wo er wohnte.

Er holte seinen Wagen bei ihr ab und fuhr ins Hotel, sie zog sich schnell um und kam dann nach.

Wolf schaute in die Karte, stellte fest, dass 'unsere Hausweine' auch zum heutigen Menü passen würden und bestellte sie, als sie lächelnd nickte, gleich selbst.

Und er trank sie dann auch überwiegend selbst...

„Ich muss ja heute zum Glück nicht mehr fahren!"

Nachdem er noch einen, von der freundlichen Chefin etwas zu großzügig eingegossenen Digestif - „du solltest den wirklich probieren! Hervorragend!" - genossen hatte, fürchtete sie, er würde wohl die Treppe zum Zimmer nicht mehr schaffen.

Er sei 'en pleine forme' und diese Kleine habe offensichtlich keine Ahnung, was ein richtiger Mann alles vertrage. Sie solle nur mal mit nach oben kommen...

„Nein, mon grand, das werde ich nicht, du kannst mich höchstens jetzt zu meinem Auto begleiten."

Draußen atmete er tief ein, sagte, er werde jetzt wieder richtig munter - plötzlich jedoch haute ihn die frische, sehr kühle Nachtluft glatt um und er musste sich auf ihre Schulter stützen.

Lachend schob sie ihn in die Hotelhalle zurück, brachte ihn zur Treppe, legte seine rechte Hand auf das Geländer und gab ihm den Schlüssel in die linke. Nummer sieben sei gleich oben links das erste Zimmer.

„Bitte, bitte komm mit rauf - ich möchte so gerne ein Schlaflied von dir hören, bestimmt hast du eine wundervolle Stimme," bettelte er.

„Nein, mein Lieber, heute noch nicht!"

„Morgen?"

„Irgendwann. Schlaf gut!"

Sie gab ihm einen liebevollen Klaps und schubste ihn treppaufwärts. Er stieg brav nach oben, ohne sich noch einmal umzusehen - anscheinend wusste er instinktiv, dass er dabei sicher das Gleichgewicht verloren hätte. Zuhause goss sie sich ein Glas Rotwein ein und setzte sich in die noch warme Kaminecke.

„Es wiederholt sich alles," dachte sie. „Immer sind es dieselben Situationen, die mich rühren: große Männer irgendwie hilflos, fast kindlich zu erleben. Ich kann mich nicht dagegen wehren.

Ich will es auch nicht mehr. -

'Schicksalhaftes Zusammentreffen' hat er gesagt - und vielleicht ist es das ja wirklich..."

Am nächsten Morgen rief er kurz vor neun Uhr an, sagte, er sei taufrisch und fahre jetzt weg. Ob sie den Kaffee fertig habe? Problemlos nahm er die Serpentinen, hielt vor dem Gartentor mit einer Hand den Hut fest, schwang in der anderen ein Baguette. Die hübsche Bäckersfrau habe genauso lecker geduftet, wie das frische Brot...

„Lass mich mal an dir riechen! - Hmhmh! Auch nicht schlecht!"

Sie war ihm dankbar für diesen fröhlichen Tagesbeginn.

Das Frühstück genoss er sichtlich, die Omelette mit frischem Rosmarin sei drei Mützen wert, und überhaupt fühle er sich bei ihr schon wie zuhause... Er könne sich nicht vorstellen, hier wieder weg zu müssen, und dabei fange am zweiten Januar um sieben Uhr morgens in seiner Firma die Inventur an...

Er erzählte ihr dann detailliert seinen beruflichen Werdegang. Seit einigen Jahren sei er der Leiter der gesamten Organisation und Datenverarbeitung eines Konzerns in der Nähe von Freiburg.

„Du liebe Zeit! Davon habe ich nun wirklich keine Ahnung! Ich war schon früher, als ich noch ganz brav an Schulen Kunstunterricht gab, zu impulsiv und ungeduldig für Computer!"

„Du hast ja andere Qualitäten."

„...von denen du erst einen Bruchteil kennst!"

„Sind ja spannende Aussichten!"

Er zog sie plötzlich zu sich heran und küsste sie zum ersten Mal voller Leidenschaft. Sie spürte heiße Wellen durch ihren Körper fluten und dachte: „Oh Himmel, jetzt noch nicht!" Denn nie wieder - seit einer großen Enttäuschung - wollte sie mit einem Mann zu schnell im Bett landen...

Sie löste sich aus seiner Umarmung, küsste ihn sehr zärtlich auf die Augenlider.

„Weißt du, mein Großer, bei keinem Menu gibt es mehrere Gänge gleichzeitig - also lass uns mal alles schön der Reihe nach genießen, bis wir zum Dessert kommen!"

„Von dir kann ja sogar ein Gourmet wie ich noch was lernen," überspielte er seine Enttäuschung.

Danach fuhr sie ihn - wieder in ihrem alten Auto - auf ihrer kleinen Lieblingsrunde zum Kloster Aiguebelle. Trotz der Kälte gingen sie durch das ausgedehnte Klostergelände mit den alten Bäumen, der rührend-kitschigen Grotte, über der eine Madonna im efeubewachsenen Fels thronte, und saßen einige Zeit schweigend unter den archaischen Rundbogen der romanischen Kirche.

Er zündete mehrere Kerzen an, steckte sie auf die schmiedeeisernen Halter.

„Hast du mich denn schon ein bisschen lieb?"

„Ja," sagte sie einfach und drückte seine Hand.

In Grignan zeigte sie ihm das mächtige, auf einem Fels stehende Schloss, das durch den zur Literatur avancierten Briefwechsel der Madame de Sevigné mit ihrer dort verheirateten Tochter berühmt geworden war.

In einem Café, direkt neben einem Brunnen mit dem Standbild der Dame, trank sie ihren gewohnten 'Suze', er einen Whisky - und sie musste plötzlich lachen, als er sich mit ziemlichem Heisshunger über die vom 'garcon' dazugestellten Erdnüsse und Pistazien hermachte.

„Du scheinst Appetit zu haben!"

Er könne leider noch nicht von Luft und Liebe leben - und im übrigen hätten sie ja heute nichts zu Mittag gegessen, meinte er entschuldigend. Ob man wieder in der Ferme essen würde?

„Da gibt's nichts vor halb acht, du hungriger Wolf. Ich könnte heute aus meinen Vorräten ein Abendessen bei mir improvisieren, wenn du willst. Dann können wir schon um sechs etwa essen!"

„Inklusive Dessert?"

„Dräng mich nicht, bitte!"

„Désolé, ma petite! Ich werde geduldig die Speisenfolge abwarten."

Zuhause überlegte sie kurz, bat ihn dann, „dieses Glas mit Muscheln" zu öffnen.

Sie waren mit kleinen Zwiebel-, Gurken- und Paprikastücken sauer eingelegt und Nathalie richtete sie auf sternförmig auf die Teller gelegten Chicorée-Blättern mit einer roten Aioli an, streute einige entkernte, schwarze Oliven und gehackte Petersilie darüber, röstete schnell wieder etwas Brot und goss dazu den Rest des Muscadet vom Vortag ein.

Bevor sie sich zu ihm setzte, füllte sie eine tiefgekühltes Gratin dauphinois in eine feuerfeste Form und schob es in den Ofen.

„Sind alle Künstlerinnen auch in der Küche so kreativ?"

„Keine Ahnung. Ich jedenfalls richte mich danach, was mir selber schmeckt, und das muss dann eben auch optisch ein Genuss sein!"

„Auf alle Genüsse, die wir offensichtlich teilen!"

„Ihr Computermenschen greift anscheinend berufsbedingt immer der Zukunft voraus!"

Zu dem sehr deftigen Gratin trank Wolf viel Rotwein.

Zu dem frischen Ziegenkäse (sie kaufte ihn im Dorf...), über den sie etwas Pflaumenmus und einige Körner Bienenpollen streute, trank er ebenfalls viel Rotwein.

Und als sie ihm zum Kaffee den besten, ihr bekannten Digestif, ein 'Eau de vie de Cassis' von den 'Bergen des Morgens' serviert hatte, war sein Zustand ähnlich dem tags zuvor...

Er legte sich auf die Bank vor dem Kamin, zog die langen Beine an und grunzte wohlig, er schlafe jetzt gleich hier.

Sie kniete sich neben ihn, fuhr ihm mit den Lippen zärtlich über die demonstrativ geschlossenen Lider.

„Nein, mein armer Großer, heute noch nicht. Ich bringe dich ins Hotel und hole dich morgen zum Frühstück wieder ab. Dein Auto lässt du eben mal hier stehen!"

„Und das kompromittiert die kleine Madame nicht?"

„Deine Ironie hat eine ziemlich schwere Zunge!"

Brummend erhob er sich. Sadismus sei das, der reine Sadismus!

Sie half ihm in seinen Mantel, stellte sich auf die Zehenspitzen, um ihm den Hut auf den Kopf zu drücken.

Im Hotel brachte sie ihn wieder zum Treppenabsatz.

„Same procedure as yesterday!"lachte sie.

„I'll do my very best!" fiel ihm sogar noch die passende Antwort ein.

Gerührt kämpfte sie einen Augenblick mit dem Gedanken, ihn heute doch nach oben zu bringen...

Er sei fertig geduscht, nicht minder taufrisch als am Vortag und warte auf Abholung. Außerdem brauche er dringend eine Omelette mit Rosmarin, sagte er wieder pünktlich um neun am Telefon.

„Erstaunlich, sehr erstaunlich - bei der Menge Alkohol, die du getrunken hast!"

„Ich hab dir ja gesagt, dass ich kein Weichei bin!"

Kichernd fuhr sie die kurze Strecke bis zur Ferme, sah ihn schon von weitem in der Einfahrt stehen.

Er küsste sie stürmisch, hatte ein frisches, kaltes Gesicht.

„Du riechst morgens so gut - heute Abend werde ich aber wirklich weniger trinken, damit ich auch weiß, wie du abends riechst! - Du hast hoffentlich noch keine Baguette geholt!?"

„Natürlich nicht - die 'femme du boulanger' überlasse ich dir!" spielte sie auf Marcel Pagnols Geschichte an.

„Hast du die erste Verfilmung aus den vierziger Jahren gesehen?" fragte er vergnügt.

„Klar. Schön, dass du sie auch kennst!"

„Ich hab sie sogar auf einer Video-Kassette. Du müsstest eben mal zu mir kommen."

„Schon möglich. ich muss zugeben, du sammelst immer mehr Pluspunkte!"

„Erinnerst du dich an diese blödsinnige Quizsendung in den Siebzigern, in der eine leichtgeschürzte Blondine ein Schild über die Bühne trug und flötete 'der Kandidat hat 99 Punkte'?"

„Ja," lachte sie, „dann weißt du ja, was los ist, wenn ich dir so ein Schild vor die Nase halte."

„Hoffentlich malst du schon dran!"

Nach dem Frühstück wollte sie zum Markt in Valreas, einer alten Stadt in der Nähe mit einer noch in großen Teilen erhaltenen Stadtmauer. Dort blies der Mistral jedoch so heftig, dass Wolf sie - ständig mit seinem Hut kämpfend - in die nächste Bar zog. Mit geröteten Wangen, wirren Locken und dem gewohnten 'Suze' in der Hand saß sie ihm gegenüber. Er nahm ihr das Glas ab, küsste zart jede ihrer Fingerkuppen:

„Keinen Tag älter als 35 siehst du heute aus!"

„Sagst du das nur wegen deines Punktekontos?"

„Nein, heute ist einer der seltenen Tage, an denen ich ernsthaft bin."

Nachmittags zeigte sie ihm St. Restitut und sie betrachteten die in der kleinen, schlichten, romanischen Kirche so liebevoll aufgebaute Krippe mit den alten 'Santons', die in einem provenzalischen Miniaturdörfchen standen.

Danach - der Mistral hatte sich etwas gelegt, spazierten sie noch am idyllischen Ufer der alten Rhône in Bourg-St.Andéol entlang.

Wolf sagte, er habe sich in den wenigen Tagen seit ihrer Begegnung besser erholt als sonst in drei Wochen Ferien. Er fühle sich richtig gestärkt für den Berufsstress, der demnächst wieder auf ihn warte. Betroffen hielt er inne.

„Sag mal, was wird aus uns, wenn ich an Neujahr wieder zurückfahren muss?"

„Ich weiß es auch nicht. Lass uns doch einfach sehen, was hier noch aus uns wird!"

Wolf holte sein seit zwei Tagen nicht mehr bewegtes Auto ab und sie bestellten einen Tisch in einem Restaurant in der Nähe, das für sein Menu mit fünfzehn (!!!) verschiedenen Vorspeisen berühmt war.

Er fuhr in sein Hotel und Nathalie holte ihn wenig später dort ab.

Sie hatte ein Tweedkostüm angezogen, trug dazu schwarze Stiefel und einen gleichfarbigen Rollkragen-Pullover.

Als sie in die Auffahrt einbog, kam er ihr entgegen. Er hatte sich ebenfalls umgezogen, trug nun einen Blazer aus ähnlichem Stoff wie ihr Kostüm und darunter einen schwarzen Rolli...

„Bei den letzten beiden Männern hab ich vergeblich versucht, ihnen einzureden, dass ihnen Rollkragen stehen," lachte sie.

„Krieg ich dafür doppelte Punkte?"

„Meinetwegen."

„Ich sehe dich dafür zum ersten Mal so damenhaft mit Rock. Toll siehst du aus! Gut, dass ich nicht wusste, was für tolle Beine du hast - deine Contenance hätte mich rasend gemacht!"

Da es noch zu früh war, um essen zu gehen, nahmen sie ihren Apéritif in der Kaminecke in der Halle des Hotels.

Nathalie versank förmlich in einem der voluminösen Sessel und schlug die Beine übereinander.

Wolf stand unschlüssig vor dem Sessel ihr gegenüber.

„Nein, hier kann ich nicht sitzen. Erstens ist's viel zu weit von dir weg, und zweitens müsste ich mir da ja ständig diese gestiefelte Sensation anschauen - unmöglich vor dem Essen!"

Er ließ sich auf der dicken Lehne ihres Sessels nieder und legte seinen Arm auf die Lehne hinter ihren Schultern.

„Ein schönes Bild," lächelte die Chefin, die selbst die Getränke und kleine Schälchen mit Oliven und Nüssen brachte.

Wolf begann, zart kreisend ihr rechtes Schulterblatt zu massieren.

„Am liebsten würde ich schnurren."

„Tu's doch, kleine Löwin."

„Was bist du denn eigentlich für ein Sternzeichen?"

„Ein doppeltes!"

„Na, Fisch bist du sicher nicht - bleibt nur noch Zwilling! Stimmt's?"

„Genau."

„Hatte ich noch keinen. Zuhause werde ich nachschauen, ob wir überhaupt zusammenpassen!"

„Zweifellos!"

„So, ich hab jetzt richtig Appetit. Du kannst dich dann zum Dessert weiter mit meinem Rücken befassen!"

„War das ein unmoralisches Angebot?"

„On verra!"(Man wird sehen).

Auf dem Weg legte er ihr seine Hand auf den Oberschenkel und sie hatte Mühe, sich auf das Fahren zu konzentrieren.

Er bestellte eine kleine Flasche Champagner vor dem Essen, die er - da sie ja hinterher noch fahren musste - überwiegend alleine trank.

Zur Foie gras trinkt man in dieser Gegend ein Glas 'Baumes de Venise' - also konnte keinesfalls auf diese Tradition verzichtet werden...

Zum berühmten 'Lapin aux olives' gabs eigentlich nur einen ganz bestimmten, ziemlich schweren Rotwein, der passte - nein, nein, keine halbe Flasche - wir brauchen ja auch noch einen Schluck zum Käse...

Schließlich verzichtete er nur deshalb auf einen Digestif, weil sie ihn ironisch fragte, ob er sich eigentlich Mut antrinken müsse...

„Schau mir in die Augen, Kleines! Siehst du den Tiger?"

Auf der Rückfahrt musste sie den 'Tiger' bitten, seine Hand, die sich unter ihren Rocksaum verirrte, wegzunehmen, sonst würden sie eher im Straßengraben als im Bett landen.

„Mit dir ist's bestimmt überall schön!"

Im Stillen gab sie ihm dafür vollends die letzten, fehlenden Punkte.

In seinem Zimmer sorgte er rührend für romantische Beleuchtung, holte die kleine Flasche Champagner aus der Minibar. Sie wollte jedoch lieber Mineralwasser.

Im Bad zog er sie langsam aus, hob sie hoch und setzte sie in die Wanne, wo er sie mit zärtlich kreisenden Bewegungen wusch.

„Ruh dich noch ein wenig aus, mein Kleines," sagte er dann und ging selbst schnell unter die Dusche.

In ein großes Badetuch eingewickelt trug er sie anschließend ins Bett.

Er erforschte geduldig ihre erogenen Zonen, staunte über ihre weiche 'Babyhaut'.

Und obwohl es wegen seines üppigen Alkoholkonsums nicht zu den ganz fulminanten Höhepunkten kam, war sie danach sehr glücklich und lauschte den abebbenden Synkopen seines Herzschlags.

Bald schlief er ein, seine Hand auf ihrer Hüfte, schnarchte ein bisschen und gab zwischendurch wohlige Seufzer von sich.

Nachdem sie ihn eine Weile betrachtet hatte, stand sie auf, deckte ihn zu, zog sich an, küsste ihn auf die Brust, murmelte liebevoll: „Schlaf gut, mein Tiger," und fuhr nach Hause.

Er rief kurz vor neun an, beklagte sich, dass sie ihn heute nacht verlassen habe, bedauerte es heftig, als sie ihm sagte, sie sei auch schon fertig angezogen und sagte, er werde wie gewohnt unterwegs eine Baguette besorgen.

Sie deckte den Tisch mit ihrem Lieblingsgeschirr - einem von einer italienischen Künstler-Kollegin handbemalten, rotgeblümten Kaffee-service - und faltete passende Servietten. Übermütig folgte sie einer plötzlichen Eingebung und schnitt sie zu Herzen...

Wolf musste an diesem Morgen in keiner der Haarnadelkurven mehr zurücksetzen...

Als er sie an sich drückte, bedauerte sie in aufkeimender Lust, ihn nicht doch im Négligé erwartet zu haben, zwang sich jedoch mit dem Gedanken 'nur nicht zuviel und zu schnell' zu einem fröhlichen Überspielen der Situation. Er respektierte dies und sie liebte ihn dafür.

Beim Frühstück erkundigte er sich, ob sie sich denn über den morgigen Silvester-Abend schon Gedanken gemacht habe.

„Natürlich - schon vor drei Tagen habe ich einen Tisch für uns reserviert, denn kurzfristig gibt's hier absolut nichts mehr. Für die Franzosen hat das Essen an Silvester Priorität - und du wirst sehen, alles spielt sich ohne jede Knallerei und falsche Lustigkeit ab."
Sie holte aus einer Schublade ein Faxblatt heraus, gab es ihm.
„Das wird unser Menu sein!"
Er studierte es ausgiebig, ließ jeden Gang förmlich auf der Zunge zergehen und erklärte sich sehr einverstanden mit ihrer Wahl. Wo denn dieses Wunder-Restaurant sei?
„Es liegt unterhalb von La Garde Adhemar. Seit einem Jahr etwa hat es im Guide Michelin zwei 'Rote Gabeln' und wird allgemein sehr gelobt. Allerdings war ich seit dem Besitzerwechsel vor einigen Jahren auch nicht mehr dort."
„Ist es nicht lustig, dass du als 'Alteingesessene' hier mit mir lauter neue Erfahrungen sammelst?"
„Ja, mon grand - das macht es noch spannender."

An diesem Tag machte sie mit ihm einen langen Ausflug in ihre Vergangenheit:
durch die unendlichen Weinfelder, die sich von Suze-la-Rousse über Ste.-Cécile-les Vignes, Gigondas, Vacqueras bis Carpentras hinziehen, fuhr sie in die 'Alpilles'. Die alten Städtchen St. Rémy (wo Nostradamus gelebt hatte), Les-Baux-de-Provence (wo vom früheren Bauxitabbau 'Kathedralen-Höhlen' in die Kalksteinfelsen führen), und schließlich Fontvieille waren Stationen, die für sie große Bedeutung hatten. Seit Roberts Tod hatte sie nicht mehr hierher fahren können - es hätte ihr zu weh getan, ihr kleines Lieblings-Restaurant 'Patio', sein großes, an einen Felsen 'gelehntes' Haus und die vielen Plätze, an denen sie glücklich waren, wiederzusehen.
Von dem Felsplateau neben der Windmühle, in der der Schriftsteller Alphonse Daudet seine 'Lettres de mon moulin' geschrieben hatte, blickten Wolf und Nathalie ins Tal von Arles.
Er legte fürsorglich den Arm um sie und sagte weich:

„Wenn du jetzt weinen musst, dann tu's nur!"

Sie stellte sich auf die Zehenspitzen und rieb ihre Wangen an seinem Barthaar.

„Das ist ja das Erstaunliche - ich muss nicht weinen. Nach mehr als zwei Jahren habe ichs geschafft und empfinde hier nur noch Dankbarkeit, dass ich soviel Schönes erleben durfte. Ich denke, Wolf Sanders hat da auch ein wenig Anteil daran."

„Etwas Schöneres hättest du mir nicht sagen können."

Auf dem Rückweg kauften sie in einem Supermarkt ein, kochten bei ihr ein leichtes Abendessen und Wolf trank dazu sehr sparsam Alkohol.

So erfüllte sich an diesem Abend für sie alles, worauf sie eigentlich beide nicht mehr zu hoffen gewagt hatten. In glücklicher Erschöpfung schliefen sie in ihrem für zwei viel zu engen Bett ein und der strahlende Silvestermorgen nahm das Feuerwerk vorweg...

Beim Frühstück sprachen sie zum ersten mal über das, was jeder von ihnen in naher Zukunft vorhatte.

Nathalie erzählte, sie fliege seit einigen Jahren immer im Januar nach Mallorca, um dort die milden Temperaturen, die Mandelblüte und die ausgedehnten Wanderungen durch die so vielgestaltigen Landschaften zu genießen.

Sie habe inzwischen auf der Insel auch einen deutschen Galeristen kennengelernt, der in einem, von ihm authentisch restaurierten, ausgedienten Bahnhofsgebäude eines Marktstädtchens in der Inselmitte ein sehr schönes Kunstzentrum eingerichtet hatte. Ihre Bilder hätten ihm auf Anhieb gefallen und sie dürfe sich nun seit zwei Jahren an der jeweils ersten Ausstellung beteiligen. Passenderweise sei die Vernissage immer in der ersten Februarwoche, also gerade zum Ende ihres Aufenthalts. Obwohl sie schon viele Freunde, die teilweise ganz dort lebten, habe und diese sie immer wieder einluden, die Ferien bei ihnen zu verbringen, ziehe sie es vor, in ihrem gewohnten, kleinen Hotel zu wohnen. Hoch über der Cala Fornells im Südwesten der Insel gelegen, biete sich ihr aus dem Zimmer ein atemberaubender Blick und für einen äußerst niedrigen Außer-Saison-Preis genieße sie einige Wochen Vier-Sterne-Komfort.

„Und das Schönste ist, dass praktisch immer dieselben netten Menschen zu dieser Zeit dort Urlaub machen und wir inzwischen wie eine große Familie sind. Wenn ich Kommunikation will, gehe ich mit den anderen wandern und mache Ausflüge mit, oder wir setzen uns abends in lockerer Runde in der 'Panorama-Bar' vor den Kamin. Wenn ich meine Ruhe brauche, wird auch das respektiert - ich ziehe mich zurück und male auf der Terrasse vor meinem Zimmer."

„Das hört sich ja wirklich sehr gut an!"

„Wie wär´s denn, wenn du mich dort besuchen kommst?"

Bedauernd meinte er, die nächsten beiden Wochen würden im Betrieb sehr stressig werden. Danach müsse er zehn Tage nach Berlin - dort habe er nach der Trennung von seiner Familie fast fünf Jahre lang gelebt und gearbeitet. Sein Aufenthalt dort im Januar sei mindestens ebenso zur Tradition geworden wie ihrer auf Mallorca.

„Dann wird es wohl Mitte Februar werden, bis wir uns wiedersehen?" fragte sie ziemlich bekümmert.

„Sieht so aus. Aber, weißt du, so, wie wir beide vom Schicksal überfallen wurden, wird es wohl eh eine Weile dauern, bis wir einen gemeinsamen Weg gefunden haben."

„Natürlich," gab sie kleinlaut zu, „aber ich bin nun mal leider schrecklich impulsiv und vielleicht - wie viele Kreativen - auch ein wenig realitätsfern. Nüchterne Lebensplanung liegt mir gar nicht!"

Er küsste sie hinters Ohr und rieb ihr den Rücken.

„Nun wollen wir uns nicht die Stimmung verderben mit nüchterner Lebensplanung, wie du's nennst. - Außerdem kennen wir uns beide noch nicht im jeweiligen Alltag. Vielleicht würdest du ja dann gar keine Lebensplanung mit mir mehr in Erwägung ziehen!"

Sie streckte den Rücken, setzte sich kerzengerade hin und sah ihn ungläubig an. Meinte er das nun ironisch oder zweifelte er tatsächlich nach den vergangenen Tagen und Nächten noch an ihrer Bestimmung füreinander?

„Mon dieu," dachte sie dann, „vielleicht bin ich wieder mal zu theatralisch. Ich bin eine dumme Gans - hab ich nicht ein relativ sorgloses Leben? Wenn ich nun auch noch einen Freund und Liebhaber gefunden habe, der mich glücklich macht, sollte ich's genießen, solange es dauert."

Aber sie kannte sich nur zu genau - es würde schwer sein, sich selbst mit soviel Ratio zu überzeugen...

Wolf beendete das diffizile Thema mit einem lakonischen „Kommt Zeit, kommt Rat," was sie nicht gerade viel fröhlicher stimmte.

Er wünschte sich dann, dass sie mit ihm zu der Domaine fahre, von der ihr 'Hauswein' stammte, da er gerne einige Kartons mit nach Hause nehmen wollte.

„Und dann stelle ich mir bei jedem Schluck vor, ich wäre bei dir!"

Sein Auto stellte er danach gleich am Hotel ab, da er am nächsten Morgen sehr früh losfahren wollte, weil er Bedenken wegen des Verkehrs hatte.

Sie fuhren noch einmal zum Kloster Aiguebelle, saßen einige Zeit still auf einer der spartanischen Bänke vor der Felsengrotte mit der in einer Nische eingelassenen Marienstatue. Kurz zuvor war wohl in der Grotte ein Vesper-Gottesdienst abgehalten worden, denn es lag noch intensiver Weihrauchduft in der Luft.

„Bist du katholisch oder evangelisch?" fragte sie plötzlich.

„Eigentlich evangelisch."

„Warum 'eigentlich'?"

„Ehrlich gesagt, bin ich aus der Kirche ausgetreten. Aber was ich jetzt tue, ist bestimmt kein Sakrileg."

Er stand auf, warf eine Münze in den dafür vorgesehenen Kasten, nahm eine der langen, weißen Kerzen, steckte sie auf einen der schmiedeeisernen Stifte.

„Wir wünschen uns jetzt einfach, noch oft hier zusammen zu sitzen," sagte er mit belegter Stimme, setzte sich wieder und drückte ihren Kopf an seine Schulter. Von seiner Wärme durchflutet, verzieh ihm Nathalie alle nüchternen Zukunftsgedanken des Vormittags.

Es wurde rasch dunkel und sie fröstelte plötzlich.

„Mir ist auch kalt," gab er zu. „Seit ich abgenommen habe, friere ich leicht."

„Du hast abgenommen? Wieviel denn?"

„So um die zwölf Kilo!"

„Ui - haben wir Glück, dass wir uns erst jetzt kennengelernt haben. Mit Hut und Mantel in einem unmöglichen Auto - und dann noch übergewichtig - das wäre mir zuviel gewesen!"

Er schien etwas beleidigt zu sein.

„Übergewichtig bin ich auch heute noch!"

Besänftigend strich sie ihm über den Bauchansatz.

„Beruhige dich. So, wie du jetzt bist, mag ich jedes Kilo an dir!"

„Schön. Dann magst du mich ja ganz viel."

„Siehst du, da bin ich arm dran mit meinen wenigen Kilos."

„Dafür mag ich an dir jedes doppelt."

Sie hatten sich beide wieder gefangen. Nathalie brachte ihn ins Hotel, damit er sich für das Silvester-Diner umziehen konnte und fuhr dann zum selben Zweck nach Hause.

Als sie ihn um acht wieder abholte, sah sie ihn zum ersten Mal in Anzug und Krawatte.

„Setz deinen Hut auf, sonst erkenne ich dich nicht!"

Sie selbst trug ein dunkelgrünes, wadenlanges Strickensemble und er war begeistert, wie gut das zu ihren Haaren und ihrer zierlichen Figur passte.

„Das hätte ich mir vor einer Woche nicht träumen lassen, dass ich den letzten Abend des Jahres mit einer so schönen Frau verbringe!"

„Und die tut das auch noch gerne mit dir!"

Im Restaurant waren, obwohl es schon halb neun war, erst zwei Tische besetzt. Der, der für sie beide reserviert war, befand sich in einer hübschen Ecke, von der aus man den ganzen Raum überblicken konnte.

Ein sehr netter, aufmerksamer Kellner erklärte ihnen ausführlich das Menu und beriet sie wegen des Weins.

Während sie den Apéritif tranken, beobachteten sie die Gäste an den ziemlich entfernt von ihnen platzierten Tischen und mutmaßten, wer wohl zu wem gehöre oder wer mit wem...

Wolf war geistreich und witzig und sie vergaßen völlig, die sicher köstlichen Variationen auf dem 'Assiette de patience' zu probieren, der zwischen ihre Gedecke gestellt worden war.

Als ein anderer Kellner, wohl ein 'Azubi', die Apéritif-Gläser abräumte, nahm er den unberührten Teller ebenfalls mit. Sie sahen sich verdutzt an und Wolf meinte trocken, wenn es so weiterginge, würden sie heute wohl extrem leicht speisen...

Nathalie bog sich vor Lachen, pustete dabei eine ganze Wolke der winzigen, als Dekoration auf dem Tisch verstreuten Goldglitzersternchen weg, die sich auf Wolfs dunkelblauem Blazer niederließen.

„Oh, pardon," kicherte sie und versuchte, sie mit der Hand wieder abzuklopfen. Dabei entging ihr, dass sie nun an ihren Händen hafteten und bald hatte sie sie überall dort, wo sie sich bei ihrer gestenreichen Sprache hinfasste: auf der Nase, der Stirn, auf den Wangen, den Haaren und sogar auf den Lippen.

Der Kellner, der gerade die 'Amuses-bouche' brachte, spielte Erstaunen, dass es plötzlich so hell hier sei.

„Ah, c'est Madame qui brille!"

Auch die inzwischen eingetroffenen Gäste an den Nachbartischen hatten ihre Freude daran.

Das Menu war eine Sensation. Wolf verstieg sich im Lob sogar so weit, dass er es besser fand als sein letztes Drei-Sterne-Essen, für das er bei der Hälfte der Gänge das Doppelte bezahlt hatte.

Die Weine, die Nathalie mit dem Kellner zusammen ausgesucht hatte, begeisterten ihn genauso - er ließ sich laufend nachgießen und strich dann jedes mal mitfühlend über die Hand seiner armen kleinen 'Chauffeuse', die nichts trinken könne.

Kurz vor Mitternacht waren sie als einer der ersten Tische beim Dessert angekommen und Wolf bestellte Champagner. Doch, wie von Nathalie schon am Vortag avisiert, spielte sich Schlag zwölf nicht viel ab: man aß ungerührt weiter und beantwortete grade mal Wolfs Glasheben mit einem freundlich-distanzierten „Bonne année!" Er war sichtlich enttäuscht.

„Da hab ich das Temperament der Südfranzosen wohl total überschätzt!"

„Das ist keine Sache des Temperaments. Den Übergang von einem Jahr zum anderen finden wir hier nicht so bedeutend, dass er unbedingt in derselben Minute gefeiert werden muss. Mit einem guten Essen ins neue Jahr zu gehen, ist viel wichtiger - nach dem Motto: möge es uns nie schlechter gehen als heute. Aber du darfst mich jetzt trotzdem das erste Mal im neuen Jahr küssen!"

„Hier, vor allen Leuten?"

„Klar, sonst hält man uns noch für ein altes Ehepaar!"

Auch die anderen Tische waren inzwischen beim Dessert und dazu trinkt man bekanntlich - unabhängig vom Jahreswechsel - in Frankreich eben Champagner.

So lockerte sich allmählich die Stimmung und kurze Zeit später fand Wolf, so entsprächen die Gäste schon eher seinen Vorstellungen. In die amüsanten Unterhaltungen an den Tischen ringsum einbezogen, hatten sie eine Menge Spaß.

Es wurde nach zwei Uhr morgens, als man sich - nun wie alte Freunde - mit vielen Küssen, Umarmungen und guten Wünschen verabschiedete.

Nathalie fuhr Wolf ins Hotel - nach wenigen Minuten schon fiel sein Kopf schwer auf ihre Schulter und er begann zu schnarchen.

Als sie vor dem Torbogen stoppte, musste sie ihn auffangen - erstaunt fragte er, was sie denn mit ihm mache.

„Ich bringe dich jetzt ins Bett, Wolf Sanders!"

„Schööööööön!"

Lachend schob sie ihn - wie schon mehrmals in diesem Zustand - die Treppe hinauf, schloss die Türe auf, zog ihm die Schuhe aus, öffnete seinen Gürtel, was ihm plötzlich peinlich zu sein schien.

„Heute bin ich wirklich zu müde und zu betrunken, meine Kleine," sagte er entschuldigend und fragte dann:

„Hast du zuhause eigentlich einen Wecker?"

„Ja. Warum?"

„Weil ich vergessen habe, an der Rezeption zu sagen, dass man mich um sieben wecken soll. Und jetzt kann ich die Leute ja wohl nicht mehr stören. Weckst du mich also?"

„Mach ich. Du kommst doch noch mal bei mir vorbei, bevor du fährst?"

„Nein. Ich habe keine Lust, stundenlang im Stau zu stecken, weil ich zu spät weggefahren bin."

Er erhob sich von der Bettkante, wobei er fast das Gleichgewicht verlor, umarmte sie und murmelte mit schwerer Zunge:

„Also, ma belle petite, wir sehen uns - irgendwie, irgendwo, irgendwann!"

Er fiel zurück aufs Bett, drehte sich um, rollte sich zusammen und schlief postwendend ein.

Fassungslos blickte sie auf seine gekrümmte Gestalt in Unterhosen und Oberhemd und fühlte sich, als hätte sie soeben eine Ohrfeige bekommen.

Türenknallend verließ sie das Hotel, stieg in ihr Auto, ließ den Motor aufheulen und gab Gas, dass die Schottersteine nur so spritzten.

Es hätte ihr in dieser Nacht kein anderes Fahrzeug entgegenkommen dürfen - blind vor Tränen der Wut schnitt sie die Kurven in mörderischem Tempo, immer dieselben drei Worte ausstoßend:

„Ha, irgendwie, irgendwo, irgendwann!"

Zuhause warf sie sich auf das Bett, in dem sie kaum zwanzig Stunden zuvor ein Feuerwerk der Leidenschaft erlebt hatte und weinte hemmungslos.

Viel später erst zog sie sich aus, immer noch wütend.

„Irgendwie!" rief sie und warf das Strickkleid auf den Boden.

Bei 'Irgendwo!' flog der Unterrock hinterher und den Rest feuerte sie mit 'Irgendwann!' in die Ecke.

Im Bad, beim Abschminken, blickte ihr das impertinente Hutgesicht vom Spiegel entgegen, an dem sie sein Foto mit einem Stück Klebefilm befestigt hatte.

„Ha, du wolltest mir wohl sagen, dass es ganz nett mit mir war. Kleine Abwechslung, so 'ne Episode mit 'ner Künstlerin, was? Du kannst mir gestohlen bleiben, du gefühlloser Computer-Quadrat-Schädel, du!"

So etwa um fünf Uhr morgens öffnete sie sich eine kleine Flasche Champagner, die sie noch im Kühlschrank hatte und stellte erstaunt fest, dass sie das konnte - bis jetzt hatten das immer „Männer" gemacht.

„Na, bitte! Ich brauch dich gar nicht, Wolf-Dieter Sanders! Ich brauch überhaupt keinen von diesen Machos mehr!"

Sie holte das Foto aus dem Bad. Auf die Rückseite hatte er ihr seine Adresse und sämtliche privaten und geschäftlichen Telefonnummern geschrieben.

„Irgendwie, irgendwo, irgendwann - von wegen!"

Sie warf das Foto hinter sich in die Luft - aber aus unerklärlichen Gründen kam es wie ein Bumerang zurück und landete auf dem Sofa neben ihr.

„Du Ekel! Du, du, du Filou! Und ich blöde Kuh hab mich in dich verliebt! Sch....! Va te faire foutre!" (das war der schlimmste Ausdruck, der ihr gerade einfiel - auf Übersetzung wird verzichtet...)

Dann wieder schluchzte sie, dass es halt so schrecklich schön mit ihm gewesen sei und drückte dabei das Foto an ihr Herz.

Nachdem sie die Flasche leergetrunken hatte, wurde sie ruhiger, schimpfte sich eine hysterische, alte Kuh, der das ganz recht geschehe, so abserviert zu werden.

„Bis vor acht Tagen kannte ich dich nicht, Wolf-Dieter, und war auch nicht unglücklich!"

Sie hörte dann Musik, je nach Text ständig zwischen Wut und Weinen wechselnd.

Dann war es Zeit, ihn zu wecken.

Sie rief an, sagte mit monotoner Roboterstimme:

„Guten Morgen. Sie wollten geweckt werden. Beim nächsten Ton ist es sieben Uhr!"

„Hast du was?"

„Nein, wieso denn auch? Ich hab dich wie gewünscht pünktlich geweckt, damit du pünktlich in dein Coupé steigen kannst und pünktlich nach

Hause und pünktlich zur Inventur kommst und überhaupt, wie du heute nacht so richtig erwähntest, wollte ich dir ebenfalls bis 'irgendwo, irgendwie, irgendwann' sagen," sprudelte sie heraus, ohne ein einziges Mal Atem zu holen.

„Hab ich diese Worte benutzt?"

„Klar. Das zu erfinden wäre nicht mal meine Fantasie im Stande!"

„Tut mir leid, wenn du da was falsch verstanden hast!"

„Gute Fahrt, mon grand!" sagte sie kurz und legte schnell auf, bevor sie wieder zu weinen anfangen würde.

„Sicher kommt er nun doch noch mal vorbei, gibt mir einen Kuss und sagt, dass es ihm leid tut," hoffte sie.

Sie wartete eine Stunde lang. Er kam nicht...

Ihr wurde klar, dass sie seit zwei Tagen keine Minute geschlafen hatte. Sie nahm, was sie sonst nie tat, eine Schlaftablette und schlief traumlos bis drei Uhr nachmittags.

Auf dem Weg zur Küche kam sie am Telefon-Fax-Kombigerät vorbei, sah, dass ein Blatt heraushing.

„Hallo, mein Kleines! Sicher schläfst du - ich wollte dir sagen, dass ich zuhause bin. Es lief super - gut, dass ich so früh wegkam. Ich danke dir für die schönen Tage und schicke dir viele zärtliche Küsse!"

Sie legte das Blatt zur Seite und machte sich einen starken Kaffee.

Danach ging sie in ihr Atelier, knallte einen fertig bespannten Keilrahmen auf die Staffelei und begann zu malen. In solchen Stimmungen wie Wut und Verzweiflung malte sie völlig anders, sodass die so entstandenen Bilder oft nicht einmal von ihren besten Freunden als die ihren identifiziert werden konnten. Dass sie sich jedoch besonders gut verkaufen ließen, erboste Nathalie noch mehr...

Mehrmals hörte sie das Telefon klingeln, ging aber nicht hin.

Gegen neun Uhr abends knurrte ihr der Magen - natürlich! Sie hatte ja den ganzen Tag nichts gegessen!

In ihrer Küche kramte sie Reste aus dem Kühlschrank, aß lustlos und trank ein Glas von 'unserem Hauswein'.

Das Telefon hörte nicht auf, zu klingeln.

„Oui, hallô?"

„Was machst du denn den ganzen Tag?" schwang ein leiser Vorwurf in seiner Stimme.

„Schlafen!"

„Allein?"

„Darüber kann ich nicht lachen!"

„Du scheinst wirklich noch nicht ausgeschlafen zu sein, mein Herz. Vielleicht ist's ja morgen früh besser. Ich melde mich. Schlaf gut und träum von mir!"

Wolf Sanders saß versonnen vor einem Berg Post und Zeitungen. Wie konnte es sein, dass diese kapriziöse, kleine Person ihn derart gefangen nahm - und das nach so kurzer Zeit?

Die Heftigkeit seiner Gefühle ängstigte ihn fast.

Und was sollte diese Beziehung für eine Zukunft haben?

Er hatte hier einen verantwortungsvollen, stressigen Job - sie lebte den größten Teil des Jahres in mehr als 600 Kilometer Entfernung von ihm ein ziemlich ungebundenes Leben voller Kreativität und Spontaneität - beides konnte er sich in seinem Berufsalltag nicht leisten.

Wäre es nicht das Beste für sie beide, wenn sie diese glückliche Woche als zwar wunderschöne, aber unmöglich fortzusetzende Episode betrachteten?

Nein, allein der Gedanke daran tat ihm weh. Und ihr Lachen, ihre Stimme mit diesem weichen Timbre, ihre Berührungen, die so viel in ihm geweckt hatten, all das fehlte ihm jetzt schon. Und er wusste nicht mehr, wann er - trotz all seiner Männlichkeit - bei einer Frau so sehr das Gefühl gehabt hatte, in ihr zuhause angekommen zu sein...

Er zwang sich, endlich die Post zu öffnen und kehrte zu seinem gewohnten System zurück: zuerst wurde alles aussortiert, was nach Werbung aussah, danach Privates und Geschäftliches auf getrennte Stapel gelegt.

Erst dann öffnete er mit einem silbernen Brieföffner mit Löwenkopf am Griff - einem Geschenk seiner Patentante Leonie - alle Umschläge nacheinander und nahm zuletzt der Reihe nach den jeweiligen Inhalt heraus.

Doch der Löwenkopf in seiner Hand ließ seine Gedanken gleich wieder abschweifen.

Eine Frau dieses Sternzeichens hatte er noch nie gehabt.

Tante Leonie, die jüngere Schwester seiner Mutter, war eine Löwin und er erinnerte sich gut an zahlreiche Familienfeste, bei denen sie stets der Mittelpunkt gewesen war und alle mit ihrem geistsprühenden Charme in ihren Bann gezogen hatte. Auch ihn. Als kaum Sechsjähriger hatte er seiner Mutter einmal gesagt, wenn er groß sei, werde er Tante Leonie heiraten. Mama hatte gelacht und es ihrer Schwester erzählt. Von da an flüsterte Leonie ihm jedes Mal, wenn er ihr die obligaten Küsschen gab, ins Ohr: „Merci, mon petit fiancé!" (die Familie seiner Mutter stammte aus dem Elsass).

Und Leonie zog auch heute, als fast Siebzigjährige, immer noch die Blicke der Männer an.

Eigentlich war Nathalie ein ganz ähnlicher Typ wie sie - stellte er Vergleiche an. Leonie hatte inzwischen zwar schlohweißes Haar, aber ihre lebhafte Mimik und Gestik, die Grazie ihrer zierlichen Gestalt und vor allem ihr Lachen ließen dies schnell vergessen.

Nathalie würde im Alter genauso sein. Wolf wurde plötzlich klar, dass er im Grunde sein Leben lang nach einer Frau gesucht hatte, die der geliebten Tante ähnlich war.

Sollte er sie, kaum dass er sie gefunden hatte, gleich wieder verlieren müssen?

Mit wieviel Stolz und Genugtuung hatte er am Silvesterabend die anerkennenden Blicke der anderen Männer registriert. Eine solche Frau würde nicht lange allein bleiben... Er stöhnte unwillkürlich bei diesem Gedanken und begann dann, um sich abzulenken, endlich seine Post zu lesen.

Nach dem Telefonat mit ihr, bei dem sie so schrecklich distanziert gewesen war, hatte er eine unruhige Nacht und ging am nächsten Morgen wie gerädert ins Büro. Dort musste er allerdings schnell alle romantischen Gedanken und seine Müdigkeit vergessen, denn es warteten Berge von Arbeit auf ihn.

Obwohl er der Leiter der gesamten Abteilung und damit Vorgesetzter von mehr als zwanzig Mitarbeitern war, hatte er sich angewöhnt, morgens der Erste im Büro zu sein. Er arbeitete gerne eine Stunde in Ruhe, bevor man mit Fragen auf ihn einstürmte, Entscheidungen verlangte.

Als seine Sekretärin gegen neun dann mit dem gewohnten Kaffee kam, hatte er schon ein gutes Stück des Stapels auf dem Schreibtisch durch.

Danach folgte eine Sitzung der Geschäftsleitung, der er angehörte, wegen des Jahresabschlusses. Sie dauerte bis in den späten Nachmittag.

Erst, als er in die schneidende Januarkälte hinaustrat und, wie gewohnt, in Hut und Mantel in sein Auto stieg, fiel ihm Nathalie wieder ein und er sah sie vor sich wie bei der ersten Konfrontation mit ihrer entzückenden Wut am Heiligen Abend.

Spontan griff er zu seinem Handy, wählte ihre Nummer.

„Oui, hallô!" - Oh, diese Stimme!

„Ich vermisse dich so sehr, meine Kleine! Geht es dir gut?"

„Ja. ich hab den ganzen Tag gearbeitet. Übrigens - es tut mir leid, dass ich gestern am Telefon so zickig war. Ich hab jetzt eine Nacht drüber geschlafen und sehe manches anders. Ich sollte es vielleicht nicht sagen - aber ich vermisse dich auch ganz schrecklich!"

„Warum solltest du das nicht sagen? Ich freue mich doch, dass es dir genauso geht wie mir!"

„Ja, weißt du, ich habe - viel zu spät leider - heute mal nachgeschlagen, was in meinem schlauen Astrologiebuch über Zwillinge steht. Und auch darüber, wie sie sich mit Löwinnen vertragen!"

„Und?"

„Tja, eigentlich ist es durchaus keine negative Konstellation. Andererseits stimmte mich das dort geschilderte Wesen der Zwillingsmänner doch sehr nachdenklich: eine Beziehung auf Distanz, stand da, ist mit denen völlig unmöglich, da man ihnen andauernd auf die Finger und alles sonstige gucken muss. Und vergnügungssüchtig seid ihr auch noch!"

„Ich hatte den Eindruck, dass dir meine Vergnügungssucht gefiel!"

„Lenk nicht ab, mon grand! Ich werde dir die treffende Beschreibung deines Charakters fotokopieren und sie dir schicken - dann lernst du dich vielleicht endlich selbst kennen! - Sag mal, wo bist du denn grade?"

„Vor dem Büro. Im Auto."

„Mit Hut und Mantel?"

„Klar."

„Unmöglich! Trotzdem würde ich jetzt gerne meinen Kopf an deine Schulter lehnen."

„Und ich würde gerne meine Nase in dein duftendes Haar stecken!"

„Rufst du morgen wieder an?"

„Natürlich, Liebes. Schlaf gut und träum von mir!"

Wolf dachte, dass er den Abend keinesfalls alleine zuhause verbringen wollte und fuhr zu seiner Stammkneipe, wo er eine Kleinigkeit aß und dann total in einer lauten Männerrunde versackte. So sehr, dass der Wirt ihm um Mitternacht ein Taxi bestellte.

Statt der üblichen Morgengymnastik musste er daher am nächsten Morgen die zwei Kilometer zu seinem Wagen im Laufschritt zurücklegen - was nichts schadete, da ihn die Kälte so richtig wach machte.

Im Büro arbeitete er zwei Stunden sehr konzentriert und rief dann kurz nach neun bei Nathalie an.

„Hab ich dich geweckt?"

„Geweckt?" Empörung schwang in ihrer Stimme, er sah förmlich, wie sie sich durchs wirre Haar fuhr.

„Ich habe schon um sieben Kaffee getrunken, stehe hier gewaschen und im Atelierkittel und habe schon eine Stunde gemalt! Und das alles ungeküsst!"

„Na, dann sei jetzt mal ganz feste von mir umarmt und gedrückt. Spürst du's?"

„Jaaaaaa!"

„Du schnurrst ja tatsächlich!"

„Das tun Katzen bekanntlich, wenn sie sich wohlfühlen."

„Hält das bis heute Abend an?"

„Drück mich besser noch mal!"

Das unbekümmerte Telefonat beflügelte ihn und er hatte einen sehr erfolgreichen Tag.

Abends jedoch, als er sich etwas gekocht, flüchtig in Zeitung und Fernsehprogramm geschaut hatte und wieder bei ihr anrief, war alle Leichtigkeit verflogen. Es schmerzte ihn fast, ihre Stimme zu hören und so weit von ihr entfernt zu sein. Sie erzählte ihm eifrig, sie treffe bereits Reisevorbereitungen für Mallorca, denn sie fliege ja schon in drei Tagen. Seit seiner Abreise habe sie drei Bilder gemalt und die werde sie mitnehmen, denn sie könne sich vorstellen, dass sie Claudius gefielen.

„Wer ist Claudius?" fragte er misstrauisch.

„Hab ich dir doch erzählt - der Galerist, bei dem ich wieder ausstellen werde.

Ich würde mir so sehr wünschen, dass du wenigstens für ein Wochenende auf die Insel kommen könntest. Von Basel-Mulhouse dauert der Flug nicht viel mehr als eine Stunde - oder, wenn du von Berlin aus fliegst, wären es zwei!"

„Nach Berlin fahre ich mit dem Auto!"

Er hätte sich ohrfeigen können, als ihm klar wurde, wie diese Bemerkung bei Nathalie angekommen war.

„Das war nun der andere Zwilling, den du gerne verheimlichst, gell?"

Und auch sein Angebot, ihr jetzt ganz besonders zärtlich den Rücken zu reiben und sie an sein Herz zu drücken, konnte sie nicht versöhnen. Er wünschte ihr resigniert eine gute Nacht und versprach, sie am nächsten Morgen zu wecken.

Nathalie hatte am nächsten Tag ihre Freundin Hélène, die Lebensgefährtin des Galeristen Romain in St.Paul-3-Châteaux, zu

Besuch. Noch während sie überlegte, ob sie ihr von Wolf erzählen sollte, klingelte das Telefon - und aus der Art, wie sie sich mit der Person am anderen Ende unterhielt, erriet Hélène sofort, dass es sich da wohl um einen Mann handeln musste.

„Eine neue Liebe? Und ich weiß nichts davon?"

„Ich hätte dir gleich nach dem Essen davon erzählt!"

Und so bekam die Freundin nun die ganze Geschichte, die ja vor ihrer Galerie begonnen hatte, zu hören.

„Und wie soll das nun weitergehen? Eine Telefonbeziehung?"

„Ja, das ist wirklich ein Problem! Weißt du, er ist fünf Jahre jünger als ich, was zwar weder optisch, noch physisch ein Problem wäre. Aber er hat einen verantwortungsvollen Job, der ihn noch mindestens sieben Jahre beanspruchen wird. Und deshalb wird er - du kennst ja meine manchmal überstürzt spontanen Entscheidungen -
er wird also nie in der Lage sein, einfach von heute auf morgen mit mir zu verreisen oder schnell mal zu mir hierher zu kommen."

„Zumindest das scheint dir klar zu sein. Und du bist sicher auch nicht bereit, einen großen Teil des Jahres wieder nach Deutschland zurück zu kehren!"

„Eben. Es wird daher eine Beziehung auf große Distanz werden - und ich fürchte, das kann ich nicht aushalten!"

„Das sind nicht gerade hoffnungsvolle Parameter, (eines von Hélènes Lieblingswörtern, mit denen sie als Französin oft deutsche Gesprächspartner verblüffte...), gib acht, dass du dich nicht zu sehr in eine gefühlsmäßige Abhängigkeit begibst!"

„Das ist ja das Schlimme, dass ich mich wie ein Teenager in diesen Filou verliebt habe!"

„Na, und?" warf Hélène trocken ein - „dann malst du eben nach der Trennung wieder mal ein paar besonders gut verkäufliche Bilder!"

Nathalie war etwas pikiert und drohte der Freundin an, ihr das nächste Mal nichts mehr zu erzählen, was diese lachend zurückwies, denn sie könne so was eh nicht vor ihr verheimlichen - sie kenne sie viel zu gut.

Die beiden gingen dann ins Atelier und Hélène beriet Nathalie, welche der Bilder sie mit nach Mallorca nehmen und welche sich wohl besser hier oder gar in Deutschland verkaufen ließen.

Sie war es auch, die Nathalie eine preiswerte Transportmöglichkeit für ihre oft großformatigen Bilder gezeigt hatte.

Im ersten Jahr hatte sie nämlich für teures Geld alles in einen Container gepackt.

„Unsinn!" sagte die Freundin, als Nathalie ihr von den hohen Kosten erzählte.

„Du musst die Großzügigkeit der Fluggesellschaften bei Sportgepäck nutzen! Wie viele Golfbags und Fahrräder werden - meist sogar kostenlos - auf die Insel transportiert. Nimm deine Bilder aus dem Rahmen, roll sie zusammen und steck sie in eine Tasche, die nach Sport aussieht!"

Also hatte sie sich in einem entsprechenden Fachgeschäft umgesehen und einen sehr langen, schmalen Köcher aus stabilem Leder entdeckt, in dem normalerweise Angeln transportiert wurden.

Er war einfach ideal, da sie in ihm, zusammengerollt, sogar Bildformate bis 150 Zentimeter Breite unterbrachte.

Ein Aufkleber: 'Bitte nicht werfen - Sportangeln!' sorgte dafür, dass die Überlänge problemlos beim Einchecken akzeptiert wurde.

Außerdem reiste sie ansonsten mit kleinem Gepäck, denn sie hatte viele Kleidungsstücke und anderes seit Jahren bei einer alten Freundin an der Westküste deponiert, die sie immer an einem der ersten Tage besuchte.

Am Vorabend ihrer Abreise fuhr sie mit der Bahn nach Marseille. Auch dort hatte sie gute Freunde, bei denen sie über Nacht bleiben konnte und die sie am nächsten Morgen zu ihrem sehr früh abgehenden Flug brachten.

Zwei Stunden später nahm sie am Flughafen Palma ihren kleinen Mietwagen in Empfang, verstaute alles darin und fuhr wie immer zuerst auf dem breiten, palmengesäumten Paseo Marittimo an der von ihr sehr geliebten historischen Kulisse von Stadtmauer, Kathedrale und Palästen entlang zum Hafen. Hier empfand sie jedes Mal eine große Dankbarkeit, all die schönen Dinge wiedersehen zu dürfen.

In ihrem kleinen Hotel auf den Felsen über der Cala Fornells wurde sie wie ein Familienmitglied begrüßt.

Sie bekam ihr gewohntes Appartement, wo sie vom schmiedeeisernen Himmelbett aus den Sonnenaufgang über dem Meer beobachten konnte und abends mit dem Blick auf Tausende von Lichtern in der Bucht einschlief.

Sie hatte Wolf versprochen, ihm gleich die Telefon-Nummer ihres Zimmers durchzugeben und wählte seine Büro-Nummer. Aber dort lief der Anrufbeantworter und so hinterließ sie nur eine kurze Nachricht.

Wenig später rief er zurück. Sie schilderte ihm den Ort in den glühendsten Farben - vielleicht konnte sie ihn ja doch noch überzeugen... Er meinte aber nur, er freue sich sehr, dass sie es so schön habe und sie solle ihn nicht womöglich vor lauter Wiedersehensfreude mit alten Bekannten vergessen. Er versprach, sie jeden Morgen gegen acht zu wecken und ihr abends kurz vor zehn 'Gute Nacht' zu sagen. Eigentlich hasste sie solche festen Konventionen - aber sie wagte nicht, das zu sagen.

„Ich freue mich drauf. Aber du könntest ruhig auch mal außerhalb des Stundenplans an mich denken!"

„Tu ich natürlich in jeder freien Minute!"

Der Nachmittag und Abend waren ausgefüllt mit Begrüßungen und Schilderungen der Ereignisse, die das Leben der Gäste und Freunde im vergangenen Jahr beeinflusst hatten. Mehrere der Stammgäste fehlten noch und man hörte sich an der Rezeption um, ob sie noch kämen oder fragte die, von denen man wusste, dass sie auch während des Jahres Kontakt hatten, ob sie kürzlich etwas von den Fehlenden gehört hätten.

Am nächsten Morgen weckte er sie pünktlich, war sehr lieb am Telefon. Sie freue sich, seine Stimme zu hören, sagte sie, und:

„Die haben hier einen hübschen Satz an den Telefonzellen stehen: El mejor regaló es tu voz!"

„Und was heißt das?"

„Das beste Geschenk ist deine Stimme. Schön, nicht wahr?"

„Da kann ich auch aus meiner Sicht nur zustimmen, mein Kleines - oder soll ich jetzt 'mi pequena' sagen?"

„Oh, du hast anscheinend auch schon spanische Erfahrungen!"

„Von wegen! Hab ich nur deinetwegen nachgeschlagen!"

Gerührt wünschte sie ihm einen erfolgreichen Tag und versprach, ihm für die wichtigen Verhandlungen, die bei ihm anstanden, die Daumen zu drücken.

Nun haben wir uns schon mehr als zehn Tage nicht mehr gesehen - und trotzdem ist noch soviel Nähe da, wenn wir telefonieren, dachte sie zufrieden.

Sie fuhr zu ihrer Freundin Dora, die seit mehr als dreißig Jahren in einem Haus direkt über der Westküste lebte, ließ sich von ihr den neuesten „Residenten-Klatsch" erzählen und die neuen 'Katzenkinder' vorstellen. Dora berichtete in einer unwahrscheinlich lebendigen Art und - obwohl sie über achtzig war, wiederholte sie sich nie und ihre Schilderungen waren äußerst präzise. Dann holte sie aus dem Schrank in Doras Gastzimmer ihren 'Hausrat' für die Inselwochen, der außer Kleidung, Schuhen, Taschen auch aus einem Tauchsieder, diversen Blumen-Übertöpfen, einem kleinen CD-Player, und sogar Geschirr, Gläsern und Tischdecke für den Balkon bestand. Dora sekundierte den Haushalts-Exodus wie immer mit Vorwürfen, dass man sich das alles sparen könnte, wenn sie sich endlich entschlösse, bei ihr zu logieren.

Bei einer Tasse Tee vertraute Nathalie ihr dann die Geschichte ihrer in so kurzer Zeit gereiften Beziehung zu Wolf an und sprach auch über ihr großes Distanz-Problem. Dora hatte dieselben realistischen Einwände wie schon Hélène und meinte zusätzlich, sie hätte die mediterrane Ungezwungenheit hier nie für einen Mann aufgegeben.

Sie riet ihr, ihn bald einmal in seinem Zuhause zu besuchen, seine Lebensumstände, seinen Alltag kennen zu lernen. Menschen, die lange allein lebten, entwickelten bestimmte 'Rituale' im Tagesablauf, die sich vielleicht störend auf das Zusammensein auswirken könnten.

„Erst, wenn du seinen Wohnstil, seine Freunde, sein Alltagsgesicht, seine häuslichen Untugenden kennst, und ihn dann trotzdem noch liebst, hat so eine Beziehung eine Zukunft. Bis jetzt - gib's zu - ist es maximal eine Romanze!"

Nachdenklich und sehr langsam fuhr Nathalie gegen die blutrote Abendsonne an der Westküste entlang zurück. An einem Aussichtspunkt hinter Estellences lehnte sie sich über die dicke Mauer, sah fasziniert zu, was die letzten, schrägen Strahlen mit der Szenerie aus Wolken, Meer und vorspringenden Felszacken anstellten, das Bild sich in jeder Minute veränderte.

„Sie haben ja alle recht, meine Freunde. Warum schaffe nur ich es nicht, logisch und rational zu denken? Ich lebe nicht in der Realität - statt meinen Traum zu leben, verträume ich mein Leben."

Eine weitere Woche verging mit täglich zweimaligem, telefonischem Versichern der Zuneigung, des Vermissens, der Sehnsucht.

Ob es nicht doch ein Wochenende auf der Insel reiche?

Er fürchte, nein.

„Und wenn ich zu dir kommen würde?"

„Meinst du das ernst?"

„Natürlich. Wann fährst du nach Berlin?"

„Nächste Woche. Am Dienstag."

„Ich werde versuchen, einen Flug für das kommende Wochenende zu bekommen. Freust du dich?"

„Ganz doll!"

Sie bekam tatsächlich einen Flug nach Basel-Mulhouse schon für den Freitag. Um die Mittagszeit kam sie an.

Wolf hatte sich den Nachmittag freigemacht, holte sie ab, schien sich schrecklich zu freuen, überreichte ihr eine langstielige, rote Rose und drückte Nathalie so an sich, dass sie fast nicht mehr atmen konnte.

„Ich passe nicht in dieses Auto!" stellte sie fest, als sie das erste Mal neben ihm in seinem Fahrzeug saß - waren sie doch in Frankreich immer mit dem ihren gefahren.

Palma: Skulptur im Parque de la Mar

Randa: Nostra Senyora de Gracia

Palma: Park vor dem Almudaina-Palast

Nach einem Bummel durch die Altstadt Freiburgs, die ihr gut gefiel, und einem deftigen Abendessen in einem urigen Restaurant fuhren sie zu seiner Wohnung. Sie lag ganz am Rande eines kleinen Vororts, das Grundstück war idyllisch eingerahmt von Wiesen und einem plätschernden Bach. In dem Gebäude waren nur drei Wohneinheiten und ihm gehörte das Erdgeschoss mit einer wunderschönen Terrasse zum Bach hin. Auf der Grasfläche und den angrenzenden Wiesen lag Schnee und im Licht der Gartenlampe sah man Spuren von Vögeln, Katzen und sogar von Kaninchen und Füchsen.

Sein Wohnzimmer war aufgeräumt und die Einrichtung wirkte auf sie männlich-sachlich-kühl.

Sie setzte sich auf eines der schwarzen Ledersofas und blickte sich um.

An den Wänden hingen einige großformatige Bilder mit Sportmotiven - vor allem Rennwagen.

„Ölverschwendung!" (ver-)urteilte sie im Stillen die Technik des ihr unbekannten Künstlerkollegen.

Er kam mit zwei Gläsern aus der Küche, sah ihre Blicke und erklärte, das seien alles Werke des Verlobten seiner älteren Tochter, der mit seinen Sportserien schon sehr erfolgreich sei.

„Schön für ihn," sagte sie schnippischer, als sie eigentlich wollte. Irgendwie fand sie, dass Wolf schon zu alt für solche plakativen Knabenträume sei - und die 'Beweihräucherung' solcher 'toter' Gegenstände schien ihr einer gereiften Persönlichkeit unadäquat.

„Sie gefallen dir nicht - das habe ich schon erwartet!"

„Ach, weißt du, man urteilt vielleicht etwas zu hart über die Vertreter derselben Zunft," versuchte sie ihre, Reaktion zu mildern.

„Komm mal mit ins Schlafzimmer!"

„Jetzt schon?"

Er öffnete eine Türe, schob sie hinein.

„Na, was sagt meine Künstlerin jetzt?"

Sie glaubte zu träumen. Da hing über dem breiten Bett ein Bild, von dem sie genau wusste, dass sie es vor mehr als zehn Jahren gemalt hatte - ihre 'kleine Meerjungfrau' hing da!

„Wie kommst du denn dazu?"

Er setzte sich auf das Fußende des Bettes, zog sie auf seine Knie.

„Ich will ehrlich sein - ich hab's erst seit einer Woche! Weißt du, ich kenne eine sehr gute Galeristin in Zürich, die hab ich gleich nach meiner Rückkehr aus Frankreich angerufen und nach dir gefragt. Sie wusste sofort Bescheid, sagte, du hättest vor etwa acht Jahren bei ihr ausgestellt und sie habe sogar noch zwei Bilder von dir. Letztes Wochenende fuhr ich hin und habe dies hier gekauft - obwohl sie es eigentlich zuerst gar nicht hergeben wollte.

Ich finde es wunderschön und schlafe sehr gut, seit deine kleine Meerjungfrau über meine Träume wacht. Und wie du siehst (er zeigte auf einige vergilbt umrandete, weiße Rechtecke an den Wänden), habe ich alles entfernt, was stören könnte und das Schlafzimmer gehört nun dir allein!"

Sie drückte ihn sanft nach hinten, küsste ihn, als er lag, ganz zart. Eine Träne fiel auf sein Gesicht.

„Weinst du etwa?"

„Ja, vor Freude und Rührung, mein großer Schatz!"

Beim Aufwachen am nächsten Morgen hörte sie ihn in der Küche rumoren. Er kam sie wecken, beugte sich über sie, trug einen japanisch wirkenden, schwarzen Seiden-Hausmantel mit roten Schriftzeichen. Offensichtlich hatte er auch schon geduscht.

„Du riechst so gut! Hast du den 'schwarzen Gürtel' schon lange?"

„Nein - aber ich werde ihn mir gleich noch mal bei dir verdienen!" lachte er und ließ den Mantel achtlos auf den Boden gleiten...

Beim Frühstück hatte sie einen ungeheuren Appetit - was selten vorkam. Seine selbstgemachte Marmelade beeindruckte sie und sie aß mehrere Scheiben Baguette mit den süßen Köstlichkeiten. Noch kauend sagte sie dann, sie habe auch eine Überraschung für ihn, holte ihre große Reisetasche und entnahm ihr eine Kartonrolle. Sie öffnete sie an einem Ende und zog ein in Seidenpapier eingewickeltes, mit einer roten Schleife versehenes, längliches Etwas heraus.

„Pack's aus!"

Er nestelte umständlich die Schleife auf, löste die zwei Lagen Seidenpapier und entrollte den Inhalt.

„Ich fasse es nicht! Die Rosenwolke! Du kannst dir nicht vorstellen, welche Freude du mir damit machst!"

„Gieß mir noch eine Tasse Kaffee ein, dann erzähle ich dir, warum es entstand!"

Und sie berichtete ihm von ihrem merkwürdigen Traum in der Heiligen Nacht. Betroffen sagte er, er wäre bestimmt nie fähig, ihr weh zu tun und er sei froh, dass sie der Wolke eine pastellig wirkende Leichtigkeit gegeben habe, sodass sie nicht bedrohlich wirke.

Dankbar registrierte sie, dass er sensibel genug war, um es richtig zu interpretieren.

„Hast du vielleicht das schöne, dunkelgrüne Strickkleid dabei?" wechselte er unvermittelt das Thema.

„Klar - warum?"

„Weil ich dich heute Abend in eines der besten Restaurants im Elsass einladen werde - und die Nacht verbringen wir in einem traumhaften Zimmer mit Blick auf die alten, knorrigen Weiden an der Ill. Wie findest du das?"

„Wunderschön!" log sie tapfer.

Hätte sie ihm sagen sollen, dass sie hierher gekommen war, um seinen Alltag, seine Gewohnheiten, sein 'normales Leben' kennenzulernen?

Auf dem Hinweg besuchten sie das eindrucksvolle Münster in Breisach, blickten von dessen Anhöhe weit über die Rheinebene und kamen, kurz bevor es dämmerte, in der 'Auberge' an.

Das Zimmer war eigentlich eine luxuriöse Suite, das Essen ein Traum und Nathalie überlegte mit einem Hauch von Bitterkeit, wie viele Bilder sie wohl für diesen Abend und diese Nacht verkaufen hätte müssen. Zwei - oder gar drei? „Was soll's - genieß es, altes Mädchen!" schalt sie sich dann. Das Frühstück, das Wolf aufs Zimmer bringen ließ, war ein Augenschmaus und sie nahm sich vor, sich einmal an einem Stillleben zu versuchen.

Auch für den Sonntag hatte er ein umfangreiches Programm geplant: stolz zeigte er ihr die Gegenden, in denen er sich auskannte und freute sich fast kindlich, wenn es ihr gefiel.

Sie hatte sich auf einen ruhigen Abend in seiner Wohnung gefreut, und darauf, dass er ihr selbst etwas kochen würde. Aber er musste ihr unbedingt noch ein 'urgemütliches Weinlokal' zeigen, wo es das beste 'Badische Schäufele' gab. So wurde es sehr spät, als sie zurückkamen.

Sie war ziemlich müde und fragte gähnend:

„Was hättest du denn an diesem Wochenende gemacht, wenn ich nicht hier gewesen wäre?"

„Sicher nichts Besonderes. Ich hätte mir beim Frühstück am Samstag überlegt, was ich sonntags essen will, hätte das dann eingekauft, nachmittags vielleicht ein paar Bälle in der Halle geschlagen und heute hätte ich mir das Tennismatch im Fernsehen angesehen - es sind ja gerade die 'Australian Open'."

„Wenn ich mal wiederkomme, machen wir genau das!"

„Kommst du denn wieder?"

„Soll ich?" Seine Antwort war eindeutig...

Am nächsten Morgen weckte er sie sehr früh, war bereits fertig angekleidet, gab ihr einen flüchtigen Kuss und fragte hektisch, wie lange sie brauche, um fertig zu werden.

„Aber - mein Flugzeug geht doch erst um Viertel nach eins!"

„Ja, das schon, aber wir müssen trotzdem spätestens um acht hier weg, denn um zehn habe ich einen wichtigen, geschäftlichen Termin, den ich so kurzfristig, wie du dich entschlossen hast, nicht mehr verschieben konnte. Du musst dir die restliche Zeit eben am Flughafen vertreiben!"

Enttäuscht ging sie ins Bad, trank danach lustlos eine Tasse Kaffee, packte ihre wenigen mitgebrachten Kleidungsstücke in ihre Tasche und erklärte, sie sei fertig.

Er nahm Hut und Mantel vom Haken, half ihr in den ihren, griff nach ihrer Tasche, schob sie zur Türe hinaus, sagte draußen unwirsch, dass sie Glück habe, bei dieser arktischen Kälte nach Mallorca fliegen zu können.

Er öffnete ihr die Autotüre, verstaute die Tasche im Kofferraum, ließ den Wagen an, stieg schimpfend nochmals aus, um das Eis von der Scheibe zu kratzen und brauste dann mit schliddernden Reifen los.

Während der Fahrt erzählte er ihr Belanglosigkeiten aus seiner Firma.

„Du brauchst nicht mit 'reinzukommem, wenn du's eilig hast," sagte sie kleinlaut, als sie den Flughafen erreichten.

„Überlass das mir!"

Mit weit ausgreifenden Schritten stürmte er durch die Halle, sagte mit einem Blick auf die Anzeigetafel, man müsse zum Schalter 23, fragte dort, ob man für Palma schon einchecken könne.

„Eigentlich noch nicht!"

„Was heißt hier eigentlich?" herrschte er das adrette Mädchen am Schalter an.

„Hör mal," griff Nathalie ein, „ich habe jede Menge Zeit und kann das ganz gut selbst erledigen."

„Na gut, soll ich dir noch eine Zeitschrift kaufen?"

„Auch dazu bin ich erwachsen genug! Du bist im Stress, mein armer Großer und ich wünsche mir nur noch, dass du mich zum Abschied noch mal feste drückst!"

Seine Miene entspannte sich etwas.

„Verzeih - aber dieser Termin ist wirklich sehr wichtig!"

„Versteh ich ja. Ich wollte dich ja auch nicht überfallen - ich hatte nur solche Sehnsucht nach dir. ich danke dir für alles, was ich mit dir in diesen knapp drei Tagen erleben durfte!"

Er umarmte sie nun doch sehr innig, drückte sie, küsste sie und sagte mit belegter Stimme: „Ich danke dir auch!"

Sie saß danach so lange in trübe Gedanken versunken in der Cafeteria, dass sie schließlich fast noch zu spät zum Einchecken gekommen wäre...

Auf der Insel hatte es zwanzig Grad, als sie um kurz nach drei aus dem Flughafen trat.

Sie warf ihren Mantel auf den Rücksitz des Mietwagens, fuhr zu ihrem Lieblingsplatz im Hafen von Palma.

„Ich vertrage so ein Wechselbad von Temperaturen und Gefühlen nicht mehr. Ich bin zu alt dafür!"
Und dann kehrte sie in ihre eigene, wohltemperierte Welt zurück.

Wolf rief wieder täglich zwei Mal an, auch als er dann in Berlin war, sagte ihr, wie sehr sie ihm fehle, wie schön es mit ihr gewesen sei, wie wohl er sich mit ihr in seiner Wohnung gefühlt habe.
Am ersten Februarwochenende sollte die Vernissage mit Nathalies Bildern und denen von drei weiteren Künstlern im Kunstzentrum S'Estació in Sineu stattfinden.
Wolf war inzwischen aus Berlin zurück.
„Könntest du denn nicht wenigstens von Freitag Nachmittag bis Sonntag kommen?" bat sie ihn.
„Unmöglich. Ich habe dir vielleicht noch nicht erzählt, dass ich aktiv an der hiesigen 'Fasnet' beteiligt bin. Das ist für uns hier die fünfte Jahreszeit, weißt du - da bin ich die nächsten drei Wochenenden total verplant!"
Sie war fassungslos. Dieser Klamauk war ihm wichtiger als ihre Vernissage?
Sie verabscheute Fasching und Karneval - konnte maximal noch die geheimnisvolle Atmosphäre der venezianischen Variante akzeptieren. Auch das elementare Erlebnis eines 'Basler Morgenstreichs' war ihr mit einem Mal genug gewesen.
Dass es ihm jedoch ernst war mit dem 'Mummenschanz', wie sie es verächtlich nannte, wurde ihr klar, als er abends nicht mehr anrief, da er fast täglich eine andere Veranstaltung besuchte.
Sie stellte jedoch fest, dass ihr gar nichts fehlte - im Gegenteil: sie genoss es, an ihren letzten Inseltagen abends wieder bei ihren Freunden am Kamin sitzen zu können, ohne auf die Uhr sehen zu müssen.
Die Ausstellung war ein großer Erfolg, Claudius Droste hielt wie immer eine sehr einfühlsame Laudatio, und drei Bilder von Nathalie wurden noch am selben Abend verkauft.
Da Sineu recht weit von ihrem Hotel im äußersten Südwesten entfernt war, übernachtete sie in der kleinen Wohnung, die Claudius speziell für

seine Künstler angemietet hatte. So würde sie am nächsten Tag noch einmal nach Randa fahren können. Auf dem Berg über diesem Ort befinden sich drei Klöster. Im obersten, bekanntesten, hatte lange Zeit Ramon Llull gewohnt, einer der legendärsten Mallorquiner, der hier seine Visionen und Erscheinungen hatte, die ihn zu seinen (umstrittenen) religiösen Theorien inspirierten.

Nathalie liebte besonders das unterste: Nostra Senyora de Gràcia. Schon im 15. Jahrhundert von Franziskanern gegründet, duckt es sich unter einen imposanten Kalkfels-Vorsprung, in den Tausende von Vögeln ihre Nesthöhlen gebaut haben.

Zuerst trat sie ins Dunkel der puristisch archaischen, kleinen Kirche, in die nur wenige Sonnenstrahlen durch zwei extrem schmale, hohe Fenster fielen.

Sie kniete sich auf eine der Fußbänke. Generationen von Betenden hatten mit ihren Knien tiefe Dellen in das weiche Holz gescheuert. Ihre Stirn legte sie auf das Brett, auf dem sonst die Gesangbücher ihren Platz haben.

Hier wurde sie ganz ruhig und wusste plötzlich genau, wie sie sich entscheiden musste.

Nach einiger Zeit trat sie hinaus, stolperte, von der Sonne auf den hellen Steinen geblendet, über das Pflaster aus gespaltenen Flusskieseln auf dem Vorhof.

Hinter der niederen Mauer, die ihn begrenzte, gähnte sofort ein steiler Abgrund.

Sie setzte sich auf die Mauer, betrachtete das pastellige Patchwork im Tal: braun die frischgepflügten Felder, hellgrün die Wintersaat, staubgrau die trockenen Quadrate, ein Hauch von Rosa auf den Mandelbaum-Pflanzungen. Und in der Ferne das Lapislazuli des Meeres, und strahlend weiß in der Mittagsonne die Felsen der Insel Cabrera.

Ein leiser Wind bewegte zitternd die Mimosenzweige über ihr.

Sie nahm ein Foto aus ihrer Tasche, schaute es lange an.

Dann riss sie langsam das so kurz und heiß geliebte, freche Hutgesicht in sehr viele, winzige Stücke, die sie mit einer weit ausholenden Geste über den Abgrund streute.

Sie zwang sich, nicht mehr den Schnipseln nachzusehen, die talwärts schaukelten.

Sie schaute nach oben, zu dem so belebten Felsvorsprung, wo Hunderte von Vögeln aus- und einflogen.

Ein Taubenpaar ließ sich gurrend auf dem Dachfirst der Kirche nieder.

Ihr fiel ein, wie er einmal gesagt hatte: Was sind Haare, was sind Jahre - nur die Liebe zählt...

Aber gleich darauf schalt sie sich sentimental, sah, dass keines der Fotoschnipsel in den aus Felsspalten wachsenden Büschen hängengeblieben war und beobachtete dann reglos, wie, keinen halben Meter von ihr entfernt, drei sicher erst vor kurzem geschlüpfte, winzige Eidechsen sich einen Sonnenplatz auf dem hellsten Stein der Mauer teilten.

Minutenlang klatschten alle Beifall. Annia entschuldigte sich, dass es so lange gedauert habe - sie habe sich wohl etwas verschätzt. Die nächste Geschichte werde sie dann in zwei Teilen vorlesen: die eine Hälfte vor, die andere nach dem Essen. Sie habe wohl bemerkt, dass Zarzuela schon mehrmals durch einen Türspalt geschaut habe, wann sie endlich das Essen servieren lassen könne.

Francesca öffnete gerade die Verbindungstüren zum angrenzenden, kleinen Speisesaal und alle gingen, angeregt plaudernd, hinüber und setzten sich an den fertig gedeckten Tisch.

Zarzuela kam herein, gefolgt von zwei Kellnern, die jeweils zwei Platten balancierten. Sie kündigte 'Capò farcit amb turró' an und Francesca übersetzte, das sei ein mit Mandel-Honig-Konfekt gefüllter Kapaun. Das

Geflügel war bereits entbeint und mit der Füllung in Scheiben geschnitten, von denen jeder zwei auf den Teller bekam. Als Beilage gab es 'arroz', also Reis, unter den Kräuter und Oliven gemischt waren.

„Kann mir mal jemand sagen, was genau ein Kapaun ist?" fragte Claudius und sprach damit offensichtlich einigen, die zustimmend mit dem Kopf nickten, aus der Seele.

„Klar," antwortete Nathalie, die in der feinen, französischen Küche ja förmlich zuhause war, „das ist ein kastrierter, gemästeter Hahn!"

Schon kauend stellte Claudius trocken fest, dass der Hahn trotz des freudlosen Daseins, das er wohl bis zur Schlachtung gehabt habe, erstaunlich gut schmecke.

Auch alle anderen lobten Zarzuelas Kochkunst überschwänglich und als zum Dessert noch eine duftende, mit einer schaumig-leichten Erdbeercreme gefüllte Ensaimada aufgetragen wurde, war die Begeisterung groß.

Nach einem 'Cortado' und einem Brandy für die, die nicht ans Steuer mussten, war es schon nach 23 Uhr und man verabschiedete sich mit vielen Umarmungen und Dankeschöns von Francesca und ihrer Schwester.

Die zwei nächsten Abende wurden auf Montag und Mittwoch festgelegt.

So saßen sie also zwei Tage später wieder bei einem Apéritif am Kamin und warteten gespannt, welche Geschichte Annia heute vorlesen würde.

„Ja, liebe Freunde," begann sie, „heute Vormittag machte ich trotz des - oder gerade wegen - des starken Windes einen Spaziergang am Meer entlang von der Cala Fornells nach Paguera.

Ich sah, wie die Wellen schäumend über die gezackten Felsen wogten, sie sekundenlang ganz verschwinden ließen. Und da entschloss ich mich, heute Coras Geschichte zu lesen - ihr werdet bald verstehen, warum.

Sicher wisst ihr, dass Nathalie und ich seit Jahren den Januar und die erste Februarwoche in einem kleinen Hotel hoch auf den Felsen über der Cala Formells verbringen.

Meterhoch türmen sich die Natursteinmauern der Terrassen mit den kunstvoll gefliesten Schwimmbecken, in die ständig aus Wasserspeiern das kühle Nass plätschert.

Die vielen Sitzplätze für die Gäste werden von exotischen Pflanzen beschattet, Springbrunnen und kleine, künstliche Bachläufe murmeln mit den Wellen des Meeres um die Wette, und die schmiedeeisernen Gartenmöbel wirken vor den sonnenbeschienenen, hellen Mauern wie Skulpturen aus Claudius' Bahnhofsgarten.

Wir genießen den Luxus, ein geräumiges Appartement mit atemberaubendem Blick über die Klippen und in die Bucht von Santa Ponca gegenüber, jeweils für uns alleine zu haben und haben doch Ferien mit Familienanschluss. Anders kann ich das nicht nennen. Einerseits besteht die Familie aus immer denselben Gästen, die alle schnell zu guten Freunden wurden. Andererseits aus dem reizenden Personal, das fast keiner Fluktuation unterworfen ist und dem eigentlichen Hotelbesitzer-Ehepaar, das sich in einer Weise um das Wohl der Gäste kümmert, die einmalig ist.

Und in diese Familie konnten wir nun letztes Jahr Cora und Manuel aufnehmen. Auch sie fühlte sich sofort sehr wohl bei uns und erzählte - in einem ähnlichen Kaminzimmer wie es dieses hier ist - uns schon in der zweiten Woche ihres Aufenthalts ihre Lebensgeschichte, die ich nun also verarbeitet habe zu

der Episode „Sturm und Stille".

„Sturm und Stille"

An diesem Tag, dem 20. Januar, herrschte nicht wie sonst abendliche Ruhe rings um das kleine Hotel auf dem Felsen: man feierte mit den Gästen das Fest des San Sebastià.

In den vergangenen Tagen war - unter tatkräftiger Mithilfe des Chefs - ein riesiger Berg aus Ästen von Pinien und Krüppeleichen auf einem ummauerten Teil des Parkplatzes aufgehäuft worden - für das traditionelle Feuer.

Alberto, der trotz seiner Korpulenz sehr gewandte Oberkellner, kommandierte seine Truppe wie ein Feldwebel und ließ Tische, Gläser, Flaschen, Brotkörbe und Platten mit Cocas und Empanadas heranschleppen.

Gerade, als der Holzstoß entzündet wurde, fuhr ein Windstoß ins junge Feuer und ließ die Funken stieben. Die weißen Tischtücher bauschten sich und die Kellner brauchten alle Hände, um Servietten und andere leichte Dinge festzuhalten. Aber zum Glück legte sich der Wind schnell wieder und als die ersten Gäste kamen, bot sich ihnen das schon gewohnte Bild: der 'Feuerteufel' mit rotem Umhang, Dreizack und furchterregender Maske sprang gefährlich nahe an den züngelnden Flammen vorbei und schwang dabei drohend seinen Dreizack.

Bald war jeder der Gäste mit einem Glas Rotwein versorgt, die Tapas wurden dazu gereicht und man stand in kleinen Gruppen um das Feuer. Die meisten Gäste kannten sich seit Jahren und der Umgangston war daher freundschaftlich-vertraut.

Aber auch Neu-Ankömmlinge wurden, wenn sie nicht allzu abweisend waren, gerne in die Gemeinschaft aufgenommen. Man sah sich - die Anzahl der Gäste übersteigt im Januar kaum einmal vierzig Personen - wirklich als große Familie.

Zwei Tage zuvor war eine einzelne Dame angekommen. Mit ihren stets streng zu einem Knoten frisierten, pechschwarzen Haaren und ihrer überwiegend schwarzen Kleidung sah sie eigentlich so aus, wie man sich landläufig eine vornehme Spanierin vorstellte. Mit dem Personal und der Chefin sprach sie Spanisch, grüßte aber im Speisesaal freundlich in akzentfreiem Deutsch.

An der Rezeption hatte man erfahren, das sei die Senora Frank aus Kehl am Rhein.

Eben trat sie nun aus der Hotelhalle und blieb nach einigen Schritten unschlüssig stehen.

Wie immer in Schwarz, trug sie über einem langen Samtrock, einem Rollkragenpullover und einem Wollcape einen langen, grauen Seidenschal mit Fransen.

Der Oberkellner hatte sie als erster entdeckt und bat sie, charmant gestikulierend, näher zu treten und überreichte ihr ein Glas Rotwein.

„Herzlich willkommen!" machte Nathalie den Anfang, stellte sich selbst und mich als ihre Freundin vor und nannte auch von allen Umstehenden die Vornamen. Ziemlich hilflos registrierte die „Neue" die auf sie einstürmenden Namen und Gesichter und stotterte schließlich:

„Und ich, ich bin die Cora und freue mich, hier zu sein!"

Plötzlich erklang mallorquinische Volkstanzmusik und die Gäste machten Platz für die zwei jungen Paare in der typischen Tracht, die nun schon im dritten Jahr das Sebastià-Fest zu einem Erlebnis machten.

Die beiden zierlichen Mädchen trugen bauschige, dunkle Röcke, unter denen bei jedem Schritt weiße Unterhosen mit Rüschen und Bändchen hervorblitzten. Mit Spitzen besetzte Schürzen und üppige Kopftücher, deren seidige Fransen bis über die Schultern reichten, machten jede Bewegung mit.

Die jungen Männer - der eine sehr groß und kräftig, der andere fast knabenhaft - sahen mit ihren Pluderhosen, einem weiten, weißem Hemd, einer bestickten Samtweste und ihrem nach Piratenart straff in den Nacken geknoteten Kopftuch sehr verwegen aus. Die Texte der Tänze erzählen mal in romantisch langsamerem, mal in feurig schnellem Rhythmus balladenhaft von Fischern, Bauern, glücklich und unglücklich Verliebten. Die über Generationen überlieferte „Choreographie" symbolisiert das Werben des Mannes um die Frau, zeigt ihre Reaktionen zwischen Entgegenkommen und Widerspenstigkeit. Die temperamentvollen Tänze wurden mit begeistertem Beifall belohnt - manchmal klatschten die Gäste auch anfeuernd mit.

Cora, die in den zwei Tagen ihres Hierseins so ernst und verschlossen gewirkt hatte, wiegte sich, als wäre sie plötzlich völlig losgelöst von allem Belastendem, perfekt im Rhythmus der Musik mit und machte, als könnte sie sich kaum beherrschen, nicht einfach mitzutanzen, Schritte, die denen der Tänzer verblüffend ähnelten.

Der Höhepunkt der Tanzvorführung bestand für die Zuschauer immer darin, dass sowohl eines der Mädchen, als auch der schlanke, junge Mann sich jeweils einen Partner oder Partnerin aus den Reihen der Gäste holte. Ehe sie sich´s versah, zog der junge Mann Cora an ihrem langen Seidenschal in den Kreis und sie tanzte mit ihm, als hätte sie das schon immer gemacht. Die Musik wurde immer schneller - mit dem Schlussakkord stürzte der junge Mann theatralisch vor ihr auf die Knie und küsste ihre Hände. Die übrigen Gäste, denen dieses Spiel ja schon längst bekannt war, klatschten begeistert Beifall und bestürmten die atemlose Cora mit Fragen, wo sie das denn gelernt habe. „Das war mal mein Beruf", sagte sie - „aber das ist eine lange Geschichte!"

Ein lauter Knall, ein Zischen und dann ein vielstimmiges „Aaah!" unterbrach sie. Die Hotelleitung hatte weder Kosten noch Mühen gescheut und bot den Gästen nun noch ein leuchtend buntes Feuerwerk. Als die letzte Sternkaskade vom Himmel gefallen war, wurden die Veranstalter mit frenetischem Beifall belohnt.

Bald darauf wandten sich die ersten Gäste, denen schon ein wenig kühl war, zur Rückkehr ins Haus. Die fragend blickende Cora wurde aufgeklärt, dass es nun trotz der üppigen Tapas und Cocas noch das übliche Abendmenü gebe.

Und danach würde noch ein bisschen unten in der Bar gefeiert werden und dazu sei sie herzlich eingeladen.

Cora versprach, zu kommen und hatte, als sie die Treppe zum Restaurant hinunterging, ein fast glückliches Lächeln auf ihrem Gesicht.

Im Speisesaal brannten auf allen Tischen Kerzen und durch die raumhohen Rundbogenfenster sah man das nächtliche Panorama der Bucht mit all den vielen Lichtern ringsum.

Sie setzte sich an ihren Tisch, goss sich gedankenverloren Wein ein und dachte verwirrt an das, was der junge Mann ihr da zum Schluss in seinem seltsamen Englisch gesagt hatte, als er, von allen Zuschauern unbemerkt, ihr den Seidenschal mit einer einzigen, schnellen Bewegung entrissen und ihn sich zusammengeknüllt in seine Weste gestopft hatte, während er ihr die Hände küsste...

Sie aß wie immer sehr langsam und war daher eine der letzten die den Speisesaal verließen. Als sie später den großen Barraum betrat, wurde sie mit vielen Zurufen begrüßt und zu einer Sitzgruppe mit üppigen Sesseln und Sofas gezogen. Zwischen die voluminösen Möbel hatte man Stühle aus dem hinteren Raum gestellt, damit mehr Personen in der Runde Platz nehmen konnten. Verlegen setzte sie sich auf den ihr angewiesenen Riesensessel und der Barkeeper eilte herbei.

Unschlüssig schaute sie die Gläser an, die die anderen schon vor sich stehen hatten und erkundigte sich, was man denn hier nach einem so opulenten Essen am besten trinke. Man riet ihr, einen Palo oder einen herbas secas, der mit Wasser fast wie ein französischer Pastis schmecke, zu trinken.

„Also, ein herbas secas con agua" bestellte sie. Bald darauf stand ein gut gefülltes Glas vor ihr und sie prostete allen zu, sagte, dass sie sehr gerührt sei über die herzliche Aufnahme und dass sie sich bemühen werde, sich die vielen neuen Namen und Gesichter bald zu merken.

„Wenn ihr also unbedingt wollt, werde ich euch etwas über mein bisheriges Leben erzählen", sagte sie und nahm einen großen Schluck Herbas.

„Allerdings muss ich, damit ihr manches besser versteht, sehr weit ausholen:

Meine Großeltern väterlicherseits hatten Tabakfelder im südbadischen Raum und eine kleine Zigarrenproduktion. Als mein Vater so etwa 30 Jahre alt war, übernahm er den Betrieb. Er hatte nach einem Betriebswirtschafts-Studium Tabakproduktionen auf Kuba, in Südamerika und Indonesien besucht und dabei natürlich andere Dimensionen der Zigarrenherstellung kennengelernt.

Nach Durchsicht der Geschäftsbücher erkannte er sofort, dass er entweder die Anbauflächen stark expandieren, oder in Zukunft den arbeits- und lohnintensiven Anbau mit all seinen Folgestufen anderen überlassen musste, um wirtschaftlich zu produzieren.

Mit einem Tabakfarmer in Brasilien hatte er bei einer seiner ersten Informationsreisen besonders gute Beziehungen geknüpft - vielleicht auch deshalb, weil er ebenfalls gerade dabei war, den Betrieb an seinen Sohn zu übergeben. Carlos war außerdem im selben Alter wie mein Vater, sodass dieser ihn einlud, nach Deutschland zu kommen, um über die Möglichkeiten einer Kooperation zu diskutieren.

Carlos kam wenig später, ging kritisch und selbstsicher durch alle Abteilungen des Betriebes und zu den Tabakfeldern und kam dann zu dem Ergebnis, dass das klimatische Risiko hier eigentlich viel zu hoch sei und der Betrieb wegen der damals in Deutschland schon enorm gestiegenen Personal- und Sozialkosten sicher nicht mehr wirtschaftlich produzieren könne. Die einzige Möglichkeit wäre, fertig fermentierte Tabake - zum Beispiel von ihm - zu beziehen. Aber eigentlich habe er einen viel gewinnbringenderen Vorschlag:

Vater solle nur die unmittelbar am Betrieb gelegene Anbaufläche behalten, die bisherige Produktionshalle zu einer Art Museum umgestalten, in dem Reisegruppen, Schulklassen oder sonstige Interessierte die traditionelle Produktionsmethode vorgeführt bekämen. Seine Lagerhallen solle er mit einer guten Klimaanlage ausstatten, darin dann die fertig von ihm gelieferten Zigarren lagern und zukünftig als

Großhändler Deutschland und die benachbarten Länder mit brasilianischen Zigarren beliefern. Der Großvater schlug die Hände über dem Kopf zusammen, lehnte den Vorschlag kategorisch ab, drohte meinem Vater mit Enterbung und sagte Carlos böse, so etwas wäre nur über seine Leiche durchführbar...

Vater reagierte ebenfalls heftig, meinte, dann solle er eben wie bisher alleine weiterwursteln bis zum Bankrott und flog mit seinem Freund nach Brasilien. Dort arbeitete er sich durch alle Abteilungen in Carlos' Betrieb, wurde von dessen Familie herzlich aufgenommen und gehörte bald wie selbstverständlich dazu.

Nach einigen Monaten hatte Carlos seinen 30. Geburtstag und gleichzeitig sollte seine Verlobung mit der Tochter des Besitzers einer großen Rinderfarm in der Nähe gefeiert werden.

Am Morgen des Festes wurde Ernesto, der Chauffeur der Ribeiras, zum Flughafen geschickt, um Carmencita, Carlos' Schwester abzuholen.

„Wie?" - fragte mein Vater verwundert, „du hast eine Schwester und enthältst sie mir mehr als fünf Monate vor?"

„Ja, weißt du, das ist eine gewisse Belastung für unsere Familie. Sie ist mehr als zehn Jahre jünger als ich und von Geburt an taubstumm. Auf einer Sonderschule für Menschen mit solchen Behinderungen macht sie gerade ihr Abitur. Nebenbei erhält sie Unterricht in klassischem und modernem Ballet, da sich bei ihr schon als Kind eine ungewöhnliche Begabung gezeigt hatte, Gefühle, Stimmungen und Träume in Bewegungen umzusetzen. Vielleicht ist das der Ausgleich für ihre sonstige ‚Sprachlosigkeit'."

Carmencita wurde ihm zwei Stunden später vorgestellt. Er verliebte sich auf den ersten Blick in diese junge Frau mit ihren so unglaublich sprechenden Augen, ihrer so vielsagenden Gestik voller verhaltenem Temperament, ihre graziöse Art, sich zu bewegen, sodass man den Eindruck hatte, man höre Musik dazu - und nicht zuletzt natürlich in ihre dunkle, geheimnisvoll-exotisch wirkende Schönheit.

Nachdem sie abends als Geburtstagsgeschenk für ihren Bruder auf die Musik von 'Solveigs Lied' und nach einer eigenen Choreografie getanzt hatte, begann eine kleine Combo, südamerikanische Rhythmen zu spielen.

Mein Vater bat Carmencita, als sie nach dem Umkleiden zur Gesellschaft zurückkam, mit ihm zu tanzen. 'Obwohl ich kein besonders guter Tänzer war,' erzählte er später gerne, 'fühlte ich mich schon bei diesem ersten Tanz mit ihr so leicht wie Jesus, als er übers Wasser ging.' Carmencita erwiderte seine Gefühle von Anfang an - sie brauchten keine Worte, um sich zu verstehen. Vater ließ sich Stunden in der Zeichensprache geben und kurze Zeit, nachdem sie ihr Abitur bestanden hatte, verlobten sie sich, worüber sich die Familie Ribeira riesig freute und Vater nun endlich als weiteren Sohn betrachtete.

Seiner Mutter schrieb er einen langen Brief über all das, was er in den Monaten in Brasilien erlebt hatte und auch, dass es ihm leid tue, sich mit Großvater so überworfen zu haben.

Noch am selben Abend, als sie den Brief bekam, rief meine Großmutter an und sagte, dass sein Vater sehr krank sei. Er habe etwa sechs Wochen zuvor einen Hirnschlag erlitten, sei rechtsseitig gelähmt und könne nicht mehr sprechen. Den Betrieb könne sie ja keinesfalls führen und sie bitte ihn dringend, nach Hause zu kommen.

Carmencita war sofort bereit, mit ihm nach Deutschland zu reisen - wollte sie doch schon lange einmal Stuttgart und sein weltberühmtes Ballett besuchen. Ihr Vater hatte eine ernste Unterredung mit den beiden, in der er ihnen die Tradition ihrer Familie klarmachte und dass er Carmencita keinesfalls erlauben könne, mit einem Mann zu verreisen, mit dem sie nicht verheiratet sei. Da die beiden sich das sowieso wünschten, und sie Wert auf eine stille, kleine Hochzeit legten, waren sie in weniger als zehn Tagen Mann und Frau und flogen nach Deutschland.

Großvater war völlig verändert. Er drückte meinen Vater lange mit dem linken Arm an sich, versuchte verzweifelt, zu sprechen, drückte dann Carmencita mit derselben Intensität und schrieb auf einen Zettel: „Mir geht's noch besser als dir - ich kann wenigstens noch hören!" Sie war sehr gerührt und ließ ihm antworten, sie sei trotzdem sehr glücklich und freue sich, noch einen Vater bekommen zu haben.

Sie fuhr bald darauf für einige Tage nach Stuttgart, sah einige Aufführungen des Balletts, erreichte, dass sie vortanzen durfte und bekam zugesichert, dass sie, wenn sie regelmäßig zum Training erscheine, auch als „Springer" bei Erkrankungen im Ensemble oder für kleine Nebenrollen eingesetzt würde.

Mein Vater kniete sich vehement in die nun auch von Großvater befürwortete Umstrukturierung der Firma. Er befolgte Carlos' Rat, baute die Produktionshalle zu einem Museum um, in dem anhand modernster Technik, aber auch ganz praktisch und anschaulich in traditioneller Handarbeit die Entstehung der Zigarren dokumentiert wurde.

Zur Eröffnung kam Carlos, der sich über den Erfolg des Freundes sehr freute und als Überraschung eine Ansprache in perfektem Deutsch hielt.

Am Abend dieses ereignisreichen Tages teilte Carmencita meinem Vater mit, dass sie schwanger sei. Er und Großvater waren ganz aus dem Häuschen und der Kranke schien wieder neuen Lebensmut zu schöpfen.

Ja, und knapp sechs Monate später - ich hatte es ziemlich eilig - wurde ich geboren und Großvater hielt mich in meinem rosarotem Kissen auf dem Arm und freute sich schrecklich. Vielleicht war das zu viel für ihn - kurze Zeit später schlief er friedlich ein.

So, nun wisst ihr wenigstens, warum ich rein äußerlich so 'exotisch' aussehe und auch, woher meine Begabung fürs Tanzen kommt.

Seid mir nicht böse, wenn ich für heute hier aufhöre, es war ein anstrengender Tag für mich. Den Rest erzähle ich euch gerne bei nächster Gelegenheit."

Die ganze Runde war völlig gefesselt gewesen von ihrem Bericht und schien nun, trotz der Neugier auf die Fortsetzung, förmlich aufzuatmen.

Cora bat, ihr nicht böse zu sein, wenn sie sich nun zurückziehe - der Tag sei doch sehr ereignisreich für sie gewesen.

Sie holte an der Rezeption ihren Schlüssel und ging dann fast lautlos auf dem Teppich des langen Flurs zu ihrem Zimmer. Es lag genau gegenüber der Türe zum Terrassengarten - was sie sehr praktisch fand, konnte man doch - ohne zum Hauptausgang gehen zu müssen, über eine lange Treppe direkt zu der kleinen Bucht mit dem smaragdfarbenen Wasser unterhalb des Felsens gelangen.

Sie schloss die Zimmertüre auf, griff nach dem 'Bitte-nicht-stören-Schild' an der Innenseite der Klinke und drehte sich dann erschrocken um, da die Gartentüre quietschte...

Annia machte eine längere Pause, genoss die erstaunten Blicke und meinte dann lachend, sie sei gemein genug, an dieser Stelle den Text zu unterbrechen, damit man diesmal rechtzeitig zum Essen käme. Auf die Fortsetzung müsse man also bis nach dem Dessert warten...

Trotz der Proteste stand sie auf, klappte ihre Manuskriptmappe zu und ging zum Speisesaal, dessen Türen bereits geöffnet waren.

Zarzuela verwöhnte sie heute mit einer knusprigen Spanferkelkeule, zu der es Datteln im Speckmantel gab.

Das Dessert bestand aus einer Art Käsekuchen, in Tonformen gebacken, der köstlich nach Orangen, Zimt und Honig duftete.

„Und während ihr jetzt noch euren Kaffee trinkt, werde ich weiterlesen."

Und Annia fuhr fort mit dem, was geschah, nachdem Cora die Gartentüre hinter sich gehört hatte...

„Ehe Cora etwas sagen konnte, legte ihr der junge Mann ihren Seidenschal um den Hals und zog sie - wie vor Stunden zum Tanz - in ihr Zimmer und schloss die Tür.

Sie stand da wie versteinert...

„I waited for you!" flüsterte er heiser, umarmte sie von hinten, drückte ihr leidenschaftliche Küsse in den Nacken und hinter die Ohren.

„Dio mio!" fand sie ihre Sprache wieder, löste sich energisch aus seiner Umarmung, drehte sich zu ihm um und sagte ihm auf spanisch, er solle sie doch genauer anschauen - sie sei sicher doppelt so alt wie er.

Sie ging zur Balkontüre, öffnete sie und trat heftig atmend hinaus, blickte auf die Lichter rund um die Bucht bis Santa Ponca, hörte die Wellen an das felsige Ufer schlagen. Er kam zu ihr, kniete sich auf die Fliesen, schlug seine Arme um ihre Hüften, drückte sein Gesicht in ihren Bauch.

„Was spielt denn das Alter für eine Rolle, wenn man sich liebt?"

„Aber, hör mal - wie heißt du denn eigentlich?" - „Manuel."

„Also, Manuel, du bist ein reizender Junge, es war wunderschön, mit dir zu tanzen, aber von Liebe kann doch keine Rede sein!"

„Doch, ich habe noch nie so plötzlich gewusst, dass ich eine Frau liebe wie heute Abend!"

Cora war tief berührt von der offensichtlichen Intensität seiner Gefühle. Und - sie musste sich eingestehen - dass ihr seine förmliche Anbetung gut tat, dass ihr bei seinen Küssen eine lang vermisste Wärme durch den Körper geflossen war.

„Wie alt bist du denn, Manuel?"

„Schon sechsundzwanzig!"

„Siehst du, so alt wäre mein Sohn vorgestern auch geworden!"

„Wäre?"

„Ja, wenn er nicht vor sieben Jahren verunglückt wäre. Eine riesige Welle bei einem heftigen Sturm hat ihn mit seinem Surfbrett gegen den Beton-Ponton da unten in der kleinen Bucht geschleudert. Und was jetzt und hier für mich das Schlimmste ist: du siehst ihm unheimlich ähnlich! Verstehst du nun, dass ich dich höchstens mit mütterlichen Gefühlen lieb haben kann?"

Sie hatte sich in einen der Balkonstühle gesetzt und zog fröstelnd die Schultern hoch.

„Du frierst ja - ich werde dich wärmen!"

Er legte, noch immer vor ihr kniend, seinen Kopf an ihre Brust und drückte sich eng an sie. Erleichtert stellte sie fest, dass seine Reaktionen an Heftigkeit verloren hatten - anscheinend hatte sie die richtigen Worte gefunden, um ihn nachdenklich zu machen.

„Dein Sohn ist bestimmt sehr glücklich gewesen, dass er eine solche Mutter hatte. Ich dagegen verlor meine Mutter schon, als ich noch nicht einmal acht Jahre alt war!" sagte er bitter.

Sie strich ihm über die Haare und drückte ihn tröstend an sich. Lange verharrten sie so. Dann stand er auf, hob die Arme theatralisch zum samtblauen Nachthimmel und seufzte:

„All diese Sterne hätte ich dir gerne vom Himmel geholt, wenn du nur gewollt hättest!"

„Und mir hätte das, wenn ich nicht in dieser besonderen Situation hier wäre, sogar ganz bestimmt gefallen," gab Cora zu.

„Aber tanzen gehen kann eine Mutter mit ihrem Sohn schon - mit Michael tat ich das auch oft. Und ich verspreche dir, es demnächst mit dir zu tun. So, und jetzt sagst du mir ganz artig 'Gute Nacht', wie sich das für einen Sohn gehört."

„Machst du dich über mich lustig?"

„Bestimmt nicht - ich mag dich doch wirklich!"

Er küsste sie nun ganz zart und respektvoll, drückte ihren Schal an sich und fragte, ob er denn wenigstens den behalten dürfe. Lachend legte sie ihn ihm um, band ihn wie eine Krawatte und schob ihn dann zur Türe.

„Wann gehen wir tanzen?"

„Freitag, wenn es dir passt!"

„Passt, aber ob ich vier Tage ohne dich überlebe?" scherzte nun auch er.

Als er gegangen war, zog sie sich eine warme Jacke an und setzte sich wieder auf den Balkon.

„Ach, Michael - hast du mir diesen Jungen geschickt? Meinst du denn, irgend jemand könnte mir dich je ersetzen?"

Cora schlief auf dem Balkon ein und träumte, ihr Sohn surfe auf einer vom Mondlicht versilberten Wolke über ihr am Himmel. Gegen drei Uhr morgens erwachte sie und fror entsetzlich.

Im Bad wärmte sie sich nur mit einem schwachen, heißen Duschstrahl, um die Nachtruhe der anderen Gäste nicht zu stören und schlief dann traumlos bis nach neun Uhr. So kam sie sehr spät zum Frühstück und traf dort nur noch Werner und Gerda, die ihr vom Markt in Calvia erzählten und Wandervorschläge machten. Sie wollten mit dem Bus dorthin fahren. Cora, die ab diesem Tag einen Mietwagen bestellt hatte, lud sie kurzerhand ein, mit ihr zu kommen und verbrachte einen erfüllten Tag mit dem sehr harmonischen, älteren Ehepaar. Am späten Nachmittag genossen sie bei Kaffee und Brandy die feuerrote Sonne über dem Meer, das Knistern im großen Kamin der Bar und stellten fest, dass sie viele Gemeinsamkeiten hatten.

Cora spürte eine wohltuende Ruhe in sich einkehren und erkannte, dass sie zum ersten Mal imstande war, ohne Bitterkeit den Schatten der Vergangenheit entgegenzutreten.

Nach dem Abendessen spielte ein Alleinunterhalter in der Bar und sie entschuldigte sich frühzeitig. Auf ihrem Balkon lauschte sie noch einige Zeit dem Rauschen der Brandung, das heute manchmal vom Rhythmus der Hammondorgel und dem fröhlichen Lachen der Gäste überlagert wurde.

Kurz danach begann es zu regnen und als Cora zu Bett gegangen war, trommelte der Regen in Strömen auf das Vordach ihres Zimmers und sie überlegte beim Einschlafen noch, was wohl aus der für morgen geplanten Wanderung würde.

Beim Frühstück erfuhr sie dann, dass das Wetter für den Hoteldirektor kein Problem darstellte: obwohl inzwischen die Sonne wieder schien, wäre die Wanderung auf den abschüssigen, nassen Wegen sicher nicht ungefährlich gewesen und so hatte man umdisponiert:
kurzerhand war ein Bus bestellt worden, der die Gäste samt den riesigen Picknickkörben zum Kloster San Salvador im Osten der Insel bringen würde.

Es wurde ein erlebnisreicher Tag und Cora heftete im Vorraum der Klosterkirche, dessen Wände mit vielen verschiedenen Devotionalien bedeckt waren, auch ihr Dankeschön an die Wand...

Nach dem Abendessen wollte Cora, wie versprochen, ihre Geschichte zu Ende erzählen und alle begaben sich vollzählig in die Bar. Als jeder mit einem Getränk versorgt war, fuhr sie fort:
„Wie ich vorgestern zum Schluss erwähnte, war mein Großvater kurz nach meiner Geburt gestorben und mein Vater hatte nun die alleinige Verantwortung für den Betrieb. Wie geplant, bestand das Hauptgeschäft bald aus dem Handel mit den brasilianischen Zigarren seines Freundes und Schwagers Carlos.

Meine Großmutter kümmerte sich sehr liebevoll um mich und unterhielt sich viel mit mir, sodass ich trotz meiner taubstummem Mutter mühelos sprechen lernte. Aber auch die Gebärdensprache meiner Mutter lernte ich schnell und spielerisch. Ihre Bewegungen waren so voller Anmut, dass ich nie etwas Befremdliches daran fand, nicht auf 'normalem' Wege mit ihr kommunizieren zu können.

Natürlich unterrichtete sie mich auch - kaum dass ich richtig gehen konnte, im Tanzen. Erst als ich älter war, wurde mir die faszinierende Tatsache bewusst, dass sie diese Bewegungen machte, ohne die Musik zu hören. Oft, wenn ich am Klavier übte, legte sie die Hand auf den Deckel und nahm so den Rhythmus auf, konnte, ohne auf das Notenblatt zu sehen, sagen, welches Stück ich spielte.

Mein Vater sprach viel Portugiesisch mit mir, denn ab etwa meinem fünften Lebensjahr besuchten Mutter und ich jedes Jahr mehrere Wochen lang die Großeltern in Brasilien. Carlos' Frau hatte, im selben Jahr wie Mutter mich, einen Sohn bekommen. Mit Gileo heckte ich in den Ferien dort die wildesten Streiche aus. Er sagte, schon als wir sieben Jahre alt waren und in die Schule kamen, er finde alle seine Klassen-kameradinnen doof und er würde sicher nur mich heiraten. Die Einwände seiner Mutter, dass wir dafür viel zu nahe verwandt seien, ignorierte er völlig.Mit zunehmendem Alter wurde das bei ihm förmlich zur fixen Idee - was dazu führte, dass ich ab dem Beginn der Pubertät nicht mehr mit Mutter nach Brasilien reiste.

Stattdessen wurde ich, während sie weg war, zum Schüleraustausch nach Frankreich, nach England und - als ich mit sechzehn noch Spanisch-Unterricht bekam - auch nach Spanien geschickt.

Ja, und in Spanien lernte ich dann kurz vor meinem Abitur den Bruder meiner Austausch-Freundin kennen: Juan Martinez. Die Familie Martinez hatte passenderweise ebenfalls einen Zigarren-Großhandel - allerdings hauptsächlich mit kubanischen und den damals noch jungen Ergebnissen des Tabakanbaus in der Dominikanischen Republik.

Wie bei meinen Eltern damals war es auch bei uns beiden Liebe auf den ersten Blick - allerdings mit wesentlich geringerem familiärem und traditionsgebundenen Zwang. Die Zeiten hatten sich - zwanzig Jahre später - eben doch geändert. Er studierte in Madrid Jura im sechsten Semester, ich begann in Heidelberg eine Ausbildung in Tanz und Choreografie, denn neben der Schule hatte ich ständig Ballettunterricht gehabt und war auch bereits mit einigen Tanzgruppen öffentlich aufgetreten.

Da seine Semesterferien viel länger waren als die meinen, kam Juan dann meist zu uns. Mein Vater, der mich zwar abgöttisch liebte - wie ich ihn auch - hatte sich insgeheim jedoch immer einen Sohn ge-wünscht und nahm Juan daher väterlich auf. Er arbeitete ihn langsam und behutsam in den Betrieb ein. Da Juan einen wesentlich älteren Bruder hatte, der die Firma seines Vaters übernehmen würde, hoffte mein Vater, in Juan seinen Nachfolger gefunden zu haben.

Nach weiteren zwei Jahren Studium hatte Juan Diplom und Promotion geschafft und wir heirateten. Mein Vater wünschte sich nur, dass Juan - was damals schon möglich war - unseren Namen annähme, da der Firmennamen nach drei Generationen zu einem Traditionsbegriff geworden war. Juan war dazu gerne bereit und wir waren sehr glücklich. Vielleicht waren wir zu sehr mit uns beschäftigt, denn wir registrierten erst sehr spät, welche Veränderungen mit meiner Mutter vor sich gegangen waren: obwohl schon immer sehr schlank und feingliedrig, war sie im Verlauf weniger Monate nun immer dünner geworden und man sah unter ihrer braunen, nun fast ledern wirkenden Haut die Knochen scharf hervortreten. Ihre Bewegungen wurden immer kraftloser - und als man sie überzeugt hatte, dass sie zum Arzt gehen sollte, war es längst zu spät: die Metastasen des ursprünglich wohl sich aus dem Darm ausbreitenden Krebses hatten schon den ganzen Körper in Besitz genommen. Sie lehnte eine Behandlung ab und starb - dank des Fortschritts der Betäubungsmittel-Pharmazie fast schmerzlos, vier Monate später. Es klingt absurd, aber ich litt entsetzlich unter der Stille, die sie hinterließ. Ihr Temperament, ihre Bewegungen waren in ihrer Musikalität so sichtbar gewesen, dass man all ihre Stimmungen aus ihrer Art zu gehen oder Treppen zu steigen gehört hatte.

Juan und ich klammerten uns nach ihrem Tod noch mehr aneinander. Bald darauf wurde ich schwanger und mein Vater war, als unser Sohn Michael geboren wurde, der stolzeste Großvater, den man sich vorstellen konnte. Da ich inzwischen ein Diplom als Tanzlehrerin und Choreografin gemacht hatte, entschloss ich mich, meinem Sohn zuliebe zuhause zu arbeiten. In einem eigens dafür umgebauten ehemaligen Lager- schuppen auf unserem Gelände eröffnete ich eine Schule für spanischen und lateinamerikanischen Tanz. Ihr könnt euch nicht vorstellen, wie viele junge Menschen das damals, Mitte der siebziger Jahre - lernen wollten. Viele musste ich, da ich ja Zeit für meine Familie haben wollte, wieder wegschicken oder vertrösten.

Nach einigen erfolgreichen Jahren, in denen geschäftlich und privat alles zum Besten stand, brachte Juan von einer seiner Geschäftsreisen aus Brasilien eine goldbraunhäutige Schönheit mit, von der er meinte, sie könne mich in der Tanzschule entlasten, damit wir beide mehr Zeit füreinander hätten. Unser Sohn war gerade in die Schule gekommen und ich war endlich zum zweiten Mal schwanger. Daher fand ich seine Idee gar nicht so schlecht - vor allem als ich Mara tanzen gesehen hatte. Ich arbeitete sie ein, sie lernte sehr rasch und bald bestritt sie fast den gesamten Unterricht alleine. Wir hatten ihr Mutters immer noch unbenutztes Zimmer mit dem anschließenden Bad als Wohnung eingerichtet und sie aß täglich mit uns. Ich freute mich auch sehr darüber, endlich einmal wieder die Gelegenheit zu haben, portugie- sisch zu sprechen.

Juan und ich machten eine Schiffsreise, die mir und meiner Schwangerschaft sehr gut tat - und als wir zurück kamen, war ich zwar ziemlich unförmig, fühlte mich aber wohler als je zuvor. Juan schlug vor, dass wir uns nun als schon 'alte' Eheleute, und damit ich mehr Ruhe hatte, getrennte Schlafzimmer einrichten könnten. Er selbst war ja nun ganz in der Firma und brauchte daher sein häusliches Büro, das, nur durch Bad und Ankleide getrennt, neben unserem Schlafzimmer lag, nicht mehr. Er kaufte ein breites Bett und richtete sich ein ganz persönliches Refugium ein. Die neue Regelung gefiel mir ganz gut - versäumte er doch keinen Abend, mir liebevoll 'Gute Nacht' zu sagen, bevor er in sein eigenes Zimmer ging und dort noch lange las oder Börsennachrichten aus aller Welt hörte.

Eines Nachts - ich war Anfang des siebten Monats - wachte ich an heftigen Schmerzen auf, schleppte mich zu seinem Zimmer, in dem ich durch den Türspalt am Boden noch Licht sah, öffnete die Tür - und stellte fest, dass sein Bett leer und unbenutzt war. Irgendwie dachte ich, dass ich den Beistand einer Frau brauchte und hangelte mich daher, mich vor Schmerzen krümmend, am Treppengeländer nach unten, tastete mich dann an der Wand entlang zu Maras Zimmer.

Ich klopfte, rief, versuchte die Tür zu öffnen, aber sie war von innen abgeschlossen. „Hilfe, Hilfe!" rief ich und donnerte mit den Fäusten solange gegen die Tür, hinter der ich glaubte, Musik zu hören, bis ich, als die Schmerzen plötzlich nachließen, erschöpft zu Boden sank.

Da lag ich nun, auf die nächste Wehe wartend und war unfähig, mich zu erheben. Fast wäre ich, da ich ja mit dem Rücken gegen die Türe lehnte, ins Zimmer gefallen, als sie geöffnet wurde. Von Juan! Ich schaute ihn an, begriff schlagartig, was gespielt wurde und verlor das Bewusstsein.

In einem Klinikzimmer erwachte ich und man brachte mir schonend bei, dass ich eine Fehlgeburt gehabt hätte und das kleine Mädchen leider nicht hatte gerettet werden können. Gott sei Dank bekam ich gleich wieder eine Beruhigungsspritze und schlief danach unter Medikamenten-Einfluss anscheinend mehr als drei Tage pausenlos...

Als ich dann wieder zu mir kam, saß Juan an meinem Bett und hielt meine Hand. Er versicherte mir theatralisch unter Tränen, wie leid ihm all das tue. Er werde die 'Geschichte' mit Mara sofort beenden, es sei sowieso nie etwas Ernstes gewesen - nur ein rein körperlicher Reiz während unserer in den letzten Schwangerschaftsmonaten 'leidenschaftslosen' Zeit. Er liebe wirklich nur mich und wolle versuchen, alles wieder gut zu machen.

Als ich nach Hause kam, hatte er Mara (obwohl sie ja eigentlich meine Angestellte war) bereits gekündigt und sie war auch schon ausgezogen. Angeblich war sie zu ihren Eltern nach Brasilien zurückgekehrt - er habe ihr eine größere Abfindung gegeben, mit der sie sich dort eine Existenz schaffen könne.

In der Folgezeit ging er tatsächlich sehr liebevoll und behutsam mit mir um und ich hoffte daher, über seinen Vertrauensbruch und den Verlust meiner kleinen Tochter hinwegzukommen.

Bis mir eine frühere Schülerin, die ich zufällig in einem Cafe in Straßburg traf, erzählte, Mara sei jetzt hier und habe vor kurzem ein Tanzstudio eröffnet - gar nicht weit von dem Cafe entfernt. Da ich nicht mit meinem eigenen Wagen hinfahren wollte, nahm ich ein Taxi. Am Studio Maras angekommen, brauchte ich nicht einmal auszusteigen: der auffallende, rote Porsche mit Juans Initialen auf dem Kennzeichen sagte mir, dass ich wohl sehr naiv gewesen war.

Er stritt zwar ab, weiter ein Verhältnis mit ihr zu haben, faselte etwas von einer Verantwortung, die 'wir' für sie übernommen hatten - aber ich wollte nun endgültig nicht mehr und reichte die Scheidung ein.

Mit meinem Vater, der jetzt weit über sechzig war, hatte ich ein ernstes Gespräch. Er schlug vor, Juan die Großhandelsfirma zu verkaufen und er solle sich dann, was nicht sehr schwierig sein würde, Lagerräume woanders mieten oder bauen. Wir selbst würden nur das Museum behalten, das inzwischen sehr gut besucht war. Mit dem Geld vom Verkauf der Firma, meinte er, konnte er sich einen sorglosen Lebensabend und mir und seinem geliebten Enkel ein ebenso angenehmes Leben finanzieren. Bitter sagte ich, dass zumindest für Michaels Unterhalt und Ausbildung ja wohl sein Vater zu sorgen hatte. Für Juan war das jedoch gar keine Frage - er zeigte sich mir und seinem Sohn gegenüber sehr großzügig. Auch mit allen Konditionen zur Übernahme der Firma war er einverstanden und hatte das Kapital dafür - mit Hilfe eines vorab ausbezahlten Erbteils seines Vaters - auch bald zusammen. Mit Geschäft und Wohnung zog er schon einen Monat später aus. Michael war gerade acht geworden und von nun an mein Lebensinhalt. Alle Ferien verbrachten wir zusammen – wobei ich immer in Clubdörfer reiste, in denen er mangels Geschwistern mit anderen Kindern zusammenkam und wo er sich auch stets eine Art väterlichen Freund suchte. War dieser dann ungebunden, versuchte er auf oft ziemlich raffinierte Art und Weise, uns einander näher zu bringen. Das gelang ihm zwar nur teilweise - aber immerhin brachten diese Männer ihm Surfen, Segeln, Tauchen, Wasserskilaufen und andere Sportarten bei.

Er war daher sehr sportlich und nicht nur in seiner Klasse, sondern in der ganzen Schule beliebt, da er schon im Alter von zwölf Jahren viele Wettbewerbe gewann und die Schule daher ein ganzes Regal voller Pokale präsentieren konnte.

Sein Vater schien ihm überhaupt nicht zu fehlen und seine Aufenthalte bei ihm oder der Familie in Spanien empfand er als ziemlich lästig. Immerhin hatte er jedoch fließend spanisch gelernt und erzählte mir mindestens einmal pro Woche, er werde Sportlehrer und später dann ein Surfschule irgendwo an der spanischen Festland- oder Inselküste eröffnen.

Als er 18 wurde, die ersten Mädchen mit nach Hause brachte und viel seine eigenen Wege ging, eröffnete ich nach mehr als zehn Jahren Pause wieder mein Tanzstudio.

Im Mai des folgenden Jahres hatte Michael sein Abitur bestanden und ich schenkte ihm daher drei Wochen Surfurlaub auf Mallorca und ein neues, sehr schnelles Brett.

„Mama, du bist die Beste!" sagte er, als er stolz das erste Mal alleine in 'richtige' Ferien flog.

Jeden Abend rief er kurz nach neun Uhr an, berichtete mir von seinen Erlebnissen, von der tollen Brandung hier in den kleinen Buchten und von dem geradezu idealen, weil ziemlich stürmischen Wetter.

Nach zehn Tagen klingelte das Telefon eine Stunde früher. Es war auch nicht Michael am Apparat, sondern eine Klinik in Palma. Man verband mich mit dem Chefarzt. Er bemühte sich, mir schonend beizubringen, dass mein Sohn verunglückt sei. „und, lebt er?" schrie ich förmlich in den Hörer. Sie hätten alles Menschenmögliche getan, erwiderte er tonlos, aber leider seien die inneren Verletzungen zu schwer und zu viele Wirbel gebrochen gewesen...

Der Hörer glitt mir aus der Hand, ich stürzte besinnungslos auf den Steinboden, muss so wohl fast zwei Stunden gelegen haben, bis der Arzt, der noch immer am anderen Ende der Leitung war, Schlimmes befürchtend, von Palma aus endlich hier eine Ambulanz hatte organisieren können. Da mein Vater sich auf einer Reise befand, war ich ja ganz alleine gewesen und die Sanitäter und der Notarzt mussten die Türe aufbrechen. Als ich nach mehr als zwei Wochen aus dem Koma erwachte, war ich vom Nabel abwärts gelähmt und wollte, als mir all das Schreckliche bewusst wurde, nur noch sterben. Mein Vater hatte inzwischen Michael nach Deutschland bringen lassen und er war drei Tage, bevor ich erwachte, auch bereits begraben worden.

„Hättet ihr doch die Grube offen gelassen," weinte ich, als Vater mich im Rollstuhl an sein Grab schob - „ was soll ich denn jetzt noch auf der Welt?" Zu Hause blinkte der Anrufbeantworter. Mechanisch drückte ich auf den Wiedergabeknopf. Michael sagte atemlos: „Es ist zwar erst kurz nach Mittag, liebe Mama, aber ich muss dir einfach gleich sagen, dass es noch nie so toll war wie heute. Du wärst stolz auf mich, wenn du sehen könntest, wie ich auf dem neuen Brett übers Wasser flitze! Bis heute Abend dann!"

Ich heulte tagelang, hörte das Band tausend Mal. Mein Vater hatte eine resolute Krankenschwester besorgt, die bei uns im Haus auch wohnte und mich nicht aus den Augen ließ. Eines Tages nahm sie mir das Band weg und bat Vater, es wegzuschließen. Ich schrie und tobte, wurde jedoch ohne die ständige Erinnerung nach einigen Tagen ruhiger, willigte ein, in eine Rehabilitationsklinik zu gehen. Ja - und nach fast zwei Jahren ausdauernder Gymnastik konnte ich mich wieder fast normal bewegen.

Vor fünf Tagen, als ich hier ankam, wäre Michael 26 geworden. Ich musste einfach einmal an den Ort reisen, an dem es damals passiert war: wenn ihr aufsteht, dann seht ihr da unten diese gezackten Felsen, die einem Urtier gleichen, dessen Rücken aus den Wellen auftaucht. Gegen den vordersten Zacken wurde Michael geschleudert. Wenn ich nachts auf meinem Balkon hier sitze, ist er mir ganz nahe."

Cora hatte zuletzt nur noch ganz leise unter Tränen gesprochen - aber die anderen waren so atemlos und betroffen, dass sie in der bedrückenden Stille von jedem verstanden worden war.

Dann setzten sich Gisela und Gerda auf die beiden Lehnen des voluminösen Sessels, in dem Cora zum Schluss immer mehr versunken war, und legten tröstend die Arme um sie. Und viele der anderen brachten zum Ausdruck, dass es richtig gewesen sei, hierher zukommen und sie alle ihr gerne helfen wollten, mit den schlimmem Erinnerungen fertig zu werden.

Als Cora schließlich 'Gute Nacht' sagte, brachen, was noch nie vorgekommen war, alle gleichzeitig auf und begleiteten sie zu ihrer Zimmertüre, wo sie sich, mit liebevollen und fürsorglichen Umarmungen von ihr verabschiedeten.

Wie immer trat sie noch auf den Balkon hinaus, blickte in den heute völlig klaren Nachthimmel und fragte sich, welcher der Sterne da oben wohl für Michael stehe.

An den folgenden Tagen war sie total verändert. Sie nahm an allen Unternehmungen teil, lachte, scherzte, nahm mal diesen, mal jenen im Mietwagen zu Ausflügen oder zum Stadtbummel in Palma mit.

Am Freitag brachte sie einen Gast mit zum Abendessen und die anderen Gäste erkannten in ihm erstaunt einen der Tänzer vom Sebastiá-Fest. Anschließend kam sie mit ihm in die Bar, stellte ihn als 'Manuel, mein neuer Sohn' vor, erzählte, er sei gleich alt wie Michael und sehe ihm außerdem sehr ähnlich. Er habe keine Eltern mehr, tanze leidenschaftlich gerne und würde daraus gerne einen Beruf machen. Sie stelle sich vor, dass er ihre Tanzschule in Deutschland übernehmen könnte.

„Wisst ihr, ich glaube, Michael, oder der liebe Gott oder einfach ein gütiges Schicksal haben ihn mir als Trost und Ausgleich geschickt. Und jedes Jahr zum Fest werden wir zukünftig alle beide hierher kommen!" schloss sie, nahm Manuel wie einen kleinen Jungen an der Hand und sagte augenzwinkernd, sie gingen jetzt zu seiner temperamentvollen, mallorquinischen Tanzgruppe.

Verblüfft, teilweise mit staunend geöffnetem Mund, blickten die Anderen ihr nach, wie sie mit federnden Schritten davonging.

„Schön, wie sie sich in der kurzen Zeit hier wieder gefangen hat," war die einhellige Ansicht.

„Und - habt ihr gesehen? - sie trug ein karminrotes Kleid!!!" wunderte sich auch Nathalie.

„Ja," meinte einer der Herren ganz verträumt, „und es stand ihr ausgezeichnet!"...

Annia schloss leise ihre Manuskriptmappe. Alle klatschten Beifall und einige, die Cora noch nicht so gut gekannt hatten, sagten ihr, wie beeindruckend sie ihre Geschichte fänden und wie positiv sich doch alles entwickelt habe.

„Ja, und bei dieser Schilderung habe ich auch kaum etwas geändert oder hinzugefügt," erklärte Annia.

Aber vielleicht würdet ihr ja noch gerne erfahren, wie Cora und Manuel dann nach S'Estació kamen? Willst du das erzählen, Nathalie?"

„Gerne. Kurz, nachdem Cora letztes Jahr im Januar uns ihre Geschichte anvertraut hatte, gab es ein furchterregend heftiges Gewitter und in der Bucht unterhalb unseres Hotels herrschte dieselbe Stimmung wie die am Todestag ihres Sohnes:

bleigrau stampften die Wellen gegen die Felsen, von denen sie dann weiße Schaumfetzen meterhoch gegen den Wind und die schwefelgelben Wellen peitschten. Blitze zuckten, Donner krachte, hallte mehrmals wider, Regen prasselte fast waagerecht gegen die Hauswände und die Fenster.

Minuten später war der Spuk vorbei. Und dieses Abebben bis zur völligen Stille faszinierte mich so, dass ich versuchte, die konträren Stimmungen in einer Skizze festzuhalten. Für die Ausführung dieser entfesselten und wieder gebändigten Elemente stellte ich mir eine ziemlich monumentale Leinwand vor, die der Größe des Naturschauspiels adäquat sein würde. Ich malte das Bild bei Claudius und er meinte, als er die Entstehung beobachtete, es müsse unbedingt noch bis zur Ausstellung fertig werden. Im ersten Stock nahm es die größte Wand ein und war zur Eröffnung noch nicht mal ganz trocken, Ich nannte es 'Sturm und Stille'. Cora und Manuel kamen natürlich zur Vernissage. Als Cora das Bild sah, wollte sie es sofort haben. Sie habe nämlich inzwischen gelernt, welche Chancen für das menschliche Dasein in beidem stecken: im Sturm genauso, wie in der Stille. Und für diese Interpretation danke ich ihr heute noch."

„Schön habt ihr alle beide das gesagt," stellte Claudius fest. „Aber damit die Stimmung nicht gar zu elegisch wird, füge ich noch ein paar Takte zur Entstehungsgeschichte des Monumentalgemäldes an:

Diese kleine Person verlangte doch tatsächlich von mir, ich solle ihr einen Rahmen und eine Leinwand besorgen, die so circa zwei mal vier Meter groß sei, weil sie ihren Entwurf nur so verwirklichen könne. Kopfschüttelnd besorgte ich das Riesending, wir bauten es im Obergeschoss auf und ich setzte mich erwartungsvoll davor, um zu sehen, wie Nathalie hier wohl arbeiten wollte. Insgeheim befürchtete ich schon, sie stundenlang hochheben zu müssen. Aber ich hatte nicht mit ihrem praktischen Verstand gerechnet! Sie trug einige stabile Stühle vom Garten nach oben, holte zwei dicke Bretter, die sie in einem Baumarkt extra gekauft hatte, legte sie über die Sitzflächen der Stühle - und fertig war die 'Arbeitsbühne'. Und dann malte sie wie besessen - manchmal fünf, sechs Stunden an Stück. Ich sage euch - in diesen Tagen habe ich richtig Respekt vor der Leistung dieser halben Portion bekommen!"

Nathalie ging zu ihm, bedauerte lachend, dass sie durch ihre praktische Begabung leider seine Hochhebe-Manöver nicht hatte genießen können - er solle es eben jetzt nachholen.

Wie ein Kind strampelte sie bald auf seinem Arm mit den Beinen und alle wurden von der fröhlichen Stimmung angesteckt und so sah man auch gleich darauf beim Abschied nur unbekümmerte Gesichter.

Beim nächsten Treffen erklärte Annia:

„Meine heutige Geschichte beginnt sehr weit entfernt von hier, in einem völlig anderen Klimabereich: an der Nordseeküste - genauer gesagt da, wo die Elbe in die Nordsee mündet. Dort, in der Stadt Cuxhaven, befand sich lange Zeit Deutschlands 'Tor zur Welt', war doch bis ins letzte Jahrhundert die Schifffahrt die einzige Möglichkeit, zu anderen Kontinenten zu kommen.

Und Cuxhaven war der eigentliche Hafen der Hansestadt Hamburg.

Etwa um 1700 wurde dort auf drei versenkten, altersschwachen Schiffen ein Anleger gebaut, der bald 'Alte Liebe' genannt wurde. Um die Entstehung dieses Namens ranken sich viele Geschichten -

die wahrscheinlichste davon ist wohl die, dass eines dieser Schiffe unter dem plattdeutschen Namen 'Ol Liv' die Meere besegelte - was eben 'Alte Liebe' heißt.

Heute steht dort eine Holzkonstruktion mit Aussichtsplattformen auf zwei Stockwerken, deren weißgestrichene Geländer man schon von weitem sieht. Von dort aus kann man die Ozeanriesen auf dem sogenannten 'Weltschifffahrtsweg' majestätisch vorbeiziehen sehen und tagsüber informieren Lautsprecherdurchsagen über Größe, Ladung, Herkunft und Fahrtziel der Schiffe.

Wer mehr darüber wissen will, kann sich bei Judith und Leander erkundigen, denn ihre Geschichte ist es, die wir heute hören.

Gemeinsam mit den beiden gab ich ihr den Titel

„Alte Liebe oder: die Magie des Kreises".

„Alte Liebe oder: die Magie des Kreises"

Das Jahrhundertereignis der Sonnenfinsternis am 11.8.1999 erlebte Judith Andrews in ihrer Heimatstadt Cuxhaven. Sie lehnte am weißlackierten Geländer an der Alten Liebe und schaute zu, wie die Segelboote einer schon früh morgens gestarteten Regatta mit zum Teil waghalsigen Manövern in den Jachthafen zurückkehrten.

Morgen würde sie wieder, von Hamburg aus, zu ihrer in einem Vorort Londons wohnenden Familie zurückkehren.

Wie immer, wenn ihre Besuche bei der Mutter zu Ende gingen, hing sie wehmütigen Erinnerungen nach. Als Kind schon war sie stundenlang hier gewesen, hatte den Möwen zugeschaut, die drollig-akrobatischen Tauchmanöver der bis ins Hafenbecken vordringenden Seehunde beobachtet und den riesigen Frachtern und Passagierschiffen hinterhergeträumt.

Da nun immer mehr Menschen auf die Aussichts-Plattform drängten, ging sie weiter bis zum Radarturm und verfolgte das Ansteigen des Wasserspiegels der auflaufenden Flut an seinen Fundamenten.

Sie war eigentlich die einzige, die meerwärts blickte, denn all die anderen Menschen um sie herum saßen auf den klobigen Steinabgrenzungen am Ufer mit dem Rücken zur See oder auf Jacken einfach auf der Wiese rund um das Modellschiffbecken und starrten in den teilweise ziemlich bewölkten Himmel über der Stadt, wo die Sonne und der Mondschatten gerade ihr eindrucksvolles Schauspiel begannen.

Niemand schien sich dafür zu interessieren, dass der Scheitelpunkt des Hochwassers in etwa mit dem Jahrtausend-Ereignis zusammentreffen würde.

Die Erregung der Menschenmenge stieg. Inzwischen waren auch Radfahrer abgestiegen und holten, an ihre Räder gelehnt, die unentbehrlichen Augenschützer heraus. Der Lärmpegel stieg. Kinder quengelten, sie sahen ohne die blöden Brillen viel besser, bekamen sie jedoch sofort wieder zwangsweise aufs Auge gedrückt. Größere und kleinere Hunde genossen die Unaufmerksamkeit ihrer Besitzer und tollten zwischen den Menschengruppen herum.

Auf einem kleinen Klapphocker neben Judith saß ein Künstler, der seine Werke in einer langen Reihe an den Teil der Ufermauer rechts des Radarturmes gelehnt hatte. Aus dem Augenwinkel betrachtete Judith ihn und fand sein Profil, seinen graumelierten Lockenkopf und den ähnlich gekräuselten Bart recht anziehend. Auch er verfolgte - mangels Kundschaft für seine Werke, die Szenerie über der Silhouette der Stadt. Pünktlich zu Beginn des hier im Norden eigentlich ja gar nicht ganz zu sehenden Spektakels hatte sich ein relativ starker Nordwest erhoben, der viele der sommerlich Gekleideten leicht frösteln ließ und die grauen Wolkenfetzen nur so über die immer mehr an Kreissubstanz verlierende Sonne jagte. Beunruhigt betrachtete Judith die nun schon fast bis zum Steinbord schwappenden Wellen. Den ziemlich häufig auftretenden, weißen Schaumköpfen entnahm sie als hier Aufgewachsene mühelos, dass Windstärke 4-5 herrschte. Ein riesiger Frachter schob sich gerade als graublaue Wand vor die Aussicht auf die Elbmündung.

„Elbaufwärts fährt unter libyscher Flagge das Containerschiff Semiramis mit 30 000 BRT auf dem Weg von Hongkong nach Hamburg - und aus dem Nordostseekanal kommend sehen Sie gleich die 'Norwegian Star' auf ihrem Weg von Stralsund nach Oslo." Die Schiffsdurchsage verhallte jedoch ungehört und unbeachtet...

Unter lautem Hallo kam, gerade rechtzeitig zur Endphase des Schauspiels, am alten Leuchtturm das Ausflugs-Bähnchen an. Die Fahrgäste strömten heraus, suchten sich ebenfalls Plätze auf der Wiese oder blieben einfach - vom Lokomotivführer diesmal sogar geduldet - auf der stadtzugewandten Seite der offenen Wagen sitzen.

Rasch wurde es dunkler...

Auch Judith schaute nun - völlig ungeschützt, zur Sonne, die nur noch als „Corona" um den Mondschatten herum zu sehen war. "Hier, nehmen

Sie meine Brille!" sagte plötzlich der Künstler, der unbemerkt neben sie getreten war. Sie nahm sie freundlich lächelnd und dankend an und schaute durch. Auf einmal war es merkwürdig still. Bedrückt registrierten die Menschen diese magische Dunkelheit und sogar die Hunde hatten sich winselnd in die Nähe ihrer Besitzer geflüchtet und sich dort niedergelegt, als schienen auch sie sehnsüchtig auf die Rückkehr des Lichts zu warten.
Judith spürte, wie ihr, wie so oft in geheimnisvoll-erregenden Situationen, eine Gänsehaut über den ganzen Körper lief.
Plötzlich ein gellender Aufschrei des Entsetzens aus vielen Kehlen. Bevor Judith sich umdrehen konnte, wurde sie von den in panischer Angst flüchtenden Menschen an die Wand des Radarturms gedrückt und hätte das Gleichgewicht verloren, wenn da nicht die starken Arme des Künstlers gewesen wären. Er zog sie zu einem geschützten Platz. Hunderte von Menschen rannten, stolperten vom Ufer weg in Richtung zum alten Leuchtturm und fielen teilweise über dort Sitzende, die noch nichts von der Panik bemerkt hatten, oder über umgestürzte, liegengelassene Fahrräder. Das Wasser war über den Uferweg geschwappt und reichte fast bis zur ersten Bank am Modellschiffbecken.
„Die Welt geht unter!" – „Die Sintflut!" schrieen viele. „Lauf, was du kannst!" wurden Halbwüchsige angebrüllt und Väter schulterten fliehend ihre kleineren Kinder. Auch die zuletzt mit dem Bähnchen Angekommenen ergriff die Panik und man sah überall nur noch zur Stadtmitte strebende Menschen und Hunde rannten ängstlich kläffend hinterher.
Judith stand immer noch, fest von den Armen des Mannes umschlungen, an die Wand des Radarturms gelehnt. Wasser umkräuselte ihre Segeltuch-Schuhe. Es schien jedoch langsam abzufließen. Der Spuk, der keine drei Minuten gedauert hatte, war vorbei...
Es wurde wieder hell. Was war geschehen?
Der Scheitelpunkt der Flut, der steife Nordwest und zusätzlich die starke Wellenbildung durch das Passieren der beiden riesigen Schiffe hatten sich zu einer unvermittelt hohen Woge kumuliert, die über all die mit dem Rücken zum Meer sitzenden Sonnengucker völlig überraschend hereingebrochen war und sie total durchnässt hatte. Die sowieso schon

angespannte, mystische Situation in der Dunkelheit mitten am Tag hatte dann die Panikreaktion ausgelöst...

Judith löste sich aus der Umarmung und hob nacheinander ihre bis zu den Waden durchnässten Beine, an denen die Jeans klebten. „Alles halb so schlimm," lachte sie den Mann an. „Danke für ihre Hilfe! Ich heiße übrigens Judith!"

„Und ich bin Leander."

„Verflixt, da schwimmt die Produktion von Wochen davon!" schimpfte er gleich darauf. Jetzt erst sah Judith, dass die meisten Bilder des Künstlers aus runden, bemalten Holzscheiben bestanden, die nun mit dem abfließenden Wasser in Richtung Ufermauer strebten. Auch ein alter Koffer voller Zeichnungen schwamm an ihr vorbei. Schnell bückte sie sich, klappte ihn zu und trug ihn zu einer der nun leerstehenden Bänke. Leander fing alle seine Holzscheiben ein, brachte sie ebenfalls zur Bank und lehnte sie senkrecht daran.

All die Brettchen waren auf der Vorderseite bemalt und wirkten, als waren es Landschafts-Ausschnitte, die man durch Bullaugen sah. Unwillkürlich lächelte Judith.

„Das ist wohl so ziemlich die originellste Verwendung für Pizzabrettchen, die ich je sah!"

„Denk bitte nicht, dass das, was du hier siehst, meine künstlerische Berufung darstellt! Diese Brettchen verkaufen sich hervorragend an Touristen während der Saison hier. Manche Käufer sammeln sie sogar und haben schon eine ganze Reihe davon in Küche oder Esszimmer hängen. Das, was ich wirklich mache, würde niemals ein so breites Publikum finden und hat mit diesen 'Bildern' hier nur eines gemeinsam: die Magie des Kreises. Außerdem ermöglicht mir der gute Verkauf von Juni bis September, den Rest des Jahres relativ unabhängig in meiner eigentlichen, geistigen Welt zu arbeiten," sprudelte es fast trotzig aus ihm heraus.

„Hör mal, Leander," sagte Judith, ihn wie selbstverständlich ebenfalls duzend, „du brauchst dich nicht zu rechtfertigen. Ich denke, da Kunst ja von Können kommt, schafft nur der es, auf sinnvolle Abstraktionen zu reduzieren, der vorher gelernt hat, die gegenständliche, reale Welt abzubilden."

„Mein Gott, hast du das schön gesagt! Mit einem einzigen Satz hast du die Quintessenz zahlloser Bücher über Kunst formuliert!"

„Es ist ganz einfach meine Ansicht," gab sie schlicht zur Antwort und bestand dann darauf, dass er mit ihr nach Hause komme, um sich etwas Trockenes anzuziehen. Leander meinte zwar, in seiner alten Fourgonette (einem fast antik zu nennenden Renault-4-Kombi) habe er alles, aber Judith duldete keinen Widerspruch. So trugen sie alles zu dem erwähnten Auto und fuhren einige Ecken weiter nach Grimmershörn, wo Judiths Mutter und ihre Schwester in einem katenähnlichen, niedrigen, blitzsauberen Häuschen wohnten.

Niemand war gerade da und so konnten sie, nachdem beide sich umgezogen hatten, bei einem Tee ihre Diskussion noch weiter vertiefen. Leander hatte auch die Zeichnungen aus seinem Koffer mit hereingenommen und breitete sie auf dem Küchentisch aus.

„Na, die sind wohl auch alle hin," stellte er beim Betrachten der aufgequollenen Blätter fest. Er reichte ihr eines davon und fragte, was sie darauf noch erkenne.
Sie schaute versonnen auf einen Kreis, der durch zwei schräge Linien in drei ungleich große Segmente aufgeteilt war. Die unterste Fläche war bleigrau, dann folgte ein Abschnitt in türkis mit einer smaragd-grünen Wellenstruktur, und darüber wölbte sich eine intensiv kobalt-blaue Fläche.
„Tja, ich würde sagen, viel grauer Alltag, sogar hier, am Meer, wo alles in ewiger Bewegung ist - aber darüber das Wunder eines magisch blauen Himmels, der sich über dem Horizont zwischen Wirklichkeit und Traum wölbt!"
„Ich fasse es nicht! Du verstehst mich, du verstehst tatsächlich alles!
„rief er staunend. „So treffend hat das noch niemand interpretiert!"

Judith genierte sich fast etwas angesichts seiner Begeisterung. Zum ersten Mal blickte sie ihn offen an, sah, dass seine Augen unter den dunklen Brauen fast ebenso blau strahlten wie der kobaltfarbene Himmel im Kreis auf dem Bild. Vereinzelte Kringel seines graumelierten Haares klebten noch feucht auf der gebräunten Stirn. Ihr fiel eine Zeichnung in einem ihrer alten Kinderbücher ein.

„Nur der Dreizack fehlt dir noch!" lachte sie und als er sie verständnislos anblickte, erklärte sie, er sehe genauso aus, wie Neptun in ihrem damaligen Märchenbuch.

„Ha, kleine Meerjungfrau! Weißt du nicht, dass alle von deiner Spezies Neptun zu willen sein müssen?" fragte er, zog heftig ihren Kopf zu sich und küsste sie, dass ihr fast die Luft wegblieb.

Als er sie genauso abrupt losließ, stotterte sie: „Das dürfen wir nicht, Leander! Ich bin verheiratet, habe eine erwachsene Tochter und ein völlig geregeltes Familienleben."

„Das war nun ein bisschen viel 'Geregeltes' auf einmal", meinte er mit in die Hände gestütztem Kopf. „Was dürfen wir denn dann?"

„Freunde sein."

„Und darfst du mit einem Freund dann wieder zur Alten Liebe gehen?"

„Natürlich," sagte sie und stand auf, „und das machen wir jetzt sofort, denn morgen Abend fahre ich mit der 'Scandinavian Seeways' schon wieder hier vorbei nach Hause!". - „Nach Hause?" -

„Ja, ich bin hier nur zu Besuch in meiner alten Heimat, bei meiner Mutter und meiner Schwester - meine Familie und ich wohnen in einem Vorort von London. Mein Mann ist Engländer. Ich habe ihn vor fast zwanzig Jahren in der Firma in Hamburg, wo ich arbeitete, kennengelernt."

„Vor zwanzig Jahren? War damals denn noch Kinderarbeit erlaubt?" fragte er spöttisch. Dankbar lachte sie über sein Kompliment, mit dem er der Situation wieder etwas Leichtigkeit verlieh.

„Na ja, ganz erwachsen war ich mit zwanzig wohl noch nicht - hoffen wir, dass ichs dann in einem Monat bei meinem 40. Geburtstag werde," versuchte auch sie zu scherzen. „Und außerdem – wie du siehst, wäre ich auch viel zu alt für dich !"

„Oh danke, du hast mir zwar eine Menge 'Geregeltes' voraus, aber an Alter nur ein knappes Jahr !"

Inzwischen waren sie wieder an der alten Liebe angekommen und sie gingen über den Holzsteg zur Aussichtsterrasse. Als wäre drei Stunden vorher nichts gewesen, spazierten Feriengäste am Jachthafen entlang zur Grimmershörn-Bucht, ungeduldige Radfahrer klingelten, Hunde tollten auf der Wiese und Kinder ließen Schiffsmodelle mit und ohne Fernsteuerung schwimmen. Sanfte Wellen verloren sich in der groben Schotterstein-Schüttung an der Uferböschung.

„Und wo lebst du?" fragte sie ihn, als sie auf einer der langen Bänke Platz genommen hatten.

„Ich habe vor sechs Jahren mit einem Freund, der Bildhauer ist, zusammen eine alte Lagerhalle mit 'Kontor' in Hamburg gekauft. Dort hat jeder von uns sich eine Wohnung und ein Atelier eingerichtet. Im Sommer verkaufe ich hier diese Dinger, die du gesehen hast und im Winter fahre ich mit meinen richtigen Bildern jeweils für zwei Monate auf die Insel Mallorca, wo sie im Kunstzentrum eines deutschen Galeristen ausgestellt werden. Damit wäre auch schon alles erzählt, was es in meinem Leben so an 'Geregeltem' gibt."

„Warum musst du nur so auf diesem Wort herumreiten, als wäre es ein Makel oder ein Synonym für Spießigkeit, die du vielleicht mit Bürgerlichkeit gleichsetzt?"

Betroffen nahm er ihre Hand. „Verzeih, so meinte ich das nicht. Aber weißt du, es war der Frust darüber, dass ich an so einem denkwürdigen Tag wie heute, in so einer Extremsituation die Frau fand, die mich und meine Arbeit total versteht, und dann erfahre, dass sie in der unteren Hälfte des Alltagsgraus steckengeblieben ist!" spielte er auf die von ihr interpretierte Zeichnung an.

„Du glaubst also, in einem geregelten Dasein gibt es keine Höhepunkte, Zweifel, Unwägbarkeiten? Ich weiß zwar noch nicht viel von dir - aber könnte es sein, dass deine Einstellung daher kommt, dass du irgendwann einmal nicht mit einem geregelten Dasein klargekommen bist?"

„Ah, die kleine Meerjungfrau ist Psychologin," spottete er, machte aber einen zweifelsfrei ertappten Eindruck dabei. Eine Weile schwiegen beide. „Du hast ja recht," gab er dann zu. „Ich hatte wirklich bis vor acht Jahren einen sicheren Job als Kunsterzieher und war mit der Tochter eines hanseatischen Handelshauses verlobt. Schon damals war ich der Magie des Kreises verfallen und konnte auch einige Erfolge bei Ausstellungen verbuchen. Als man sich jedoch im Familien- und Freundeskreis meiner Verlobten darüber mokierte, dass mein „Gekreise" wohl kaum in ihre noblen Kreise passe - da hatte ich genug. Ich trennte mich von ihr, investierte alles, was ich eigentlich für unser gemeinsames Leben zurückgelegt hatte, in besagte Lagerhalle, kündigte meinen Brotberuf, um fortan mit meinen Kreisen in den von mir gewählten Kreisen zu leben."

„Und da lebst du allein?" – „Ja, größtenteils. Spätestens, wenn eine Frau Anstalten machte, zu mir zu ziehen, sagte ich ihr wie einst Archimedes: „störe meine Kreise nicht!"

„Siehst du," warf Judith trocken ein, „das brauchst du bei mir nicht zu befürchten!"

„Dabei würde ich mich von dir gerne stören lassen! Wie gerne würde ich dir die Vollkommenheit des Kreises erklären! Kannst du denn deine Abreise nicht verschieben?"

„Nein," sagte sie sehr bestimmt. „Ich kann es und ich will es nicht. Mein Mann legt großen Wert auf Verlässlichkeit und keiner von uns hat je am anderen gezweifelt." - „Wie schön für euch!" kam es ziemlich bitter von ihm. „Deine Arbeit interessiert mich sehr, das musst du mir glauben. Wir haben heute noch den ganzen Abend Zeit, uns zu unterhalten - und sogar morgen Vormittag noch, bis mein Zug nach Hamburg geht."

„Und wenn du nun schon heute Abend mit mir nach Hamburg fahren würdest? Dann könnte ich dir alles gleich in meinem Atelier erklären und zeigen - und eine Couch für Gäste hab ich auch!"

„Nein, mein Lieber - das ist mir ein bisschen zu gefährlich!" meinte sie schelmisch und bot als Kompromiss an, am nächsten Morgen mit ihm, anstatt mit der Bahn nach Hamburg zu fahren. So könnten sie vor Abfahrt des Schiffes trotzdem noch sein Atelier besichtigen.

„Damit muss ich dann wohl zufrieden sein."

Aus seinem weit geschnittenen Hemd nestelte er plötzlich eine Lederschnur, an der ein Amulett hing.

„Siehst du, damit fing alles an!"

Er gab ihr das silberne Metall, das noch seine Körperwärme hatte und sie stellte verwirrt fest, dass sie bei der Berührung damit ein wohliger Strom durchfloss. Die Rückseite des tropfenförmigen Silberplättchens war glatt - nein, sie enthielt eine Gravur: Von Lea für Leander. Sie schaute ihn fragend an.

„Lea hieß meine Mutter. Sie hat es mir zum 10. Geburtstag geschenkt und seither trage ich es ständig. Siehst du," er drehte das Amulett um, „das ist ihr Vermächtnis!"

Auf der Vorderseite war ein Kreis, auf den die beiden geschwungenen Hälften von Yin und Yang aus schwarzem Onyx und einer milchigweißen Mondsteinart aufgetragen waren.

„Meine Mutter war als junges Mädchen jahrelang in Indien und Tibet. Anfang der sechziger Jahre rissen viele junge Leute aus der Geborgenheit des neuen Wohlstandes aus, dessen Erwerb ihre Eltern nach dem Krieg so ausschließlich beschäftigt hatte. So auch meine Mutter - kurz vor dem Abitur, das sie nicht zu schaffen glaubte. Ich wurde zwei Jahre später auch in Indien geboren und verbrachte daher die Kleinkind-Zeit in einer Art Großfamilie. Schon als Baby bekam ich sozusagen die taoistischen Lehren mit der Muttermilch eingeflößt. Die Rhythmen und Zyklen der Natur, die Erkenntnis, dass alles Leben schon den genetischen Code des Zerfalls in sich trägt, also alles Wesen, ja sogar jede Situation den Gegensatz oder den Keim des Wandels in sich trägt - all diese Weisheiten hatten für meine Mutter und mich, auch als wir längst wieder zuhause in Deutschland waren, elementare Bedeutung. Für mich selbst war dann das Wichtigste die Begegnung mit dem I Ging, in dem gelehrt wird, dass jeweils nur positive und negative Elemente zusammen ein Ganzes ergeben - und die Symbolhaftigkeit der Darstellung von Yin und Yang in einem Kreis faszinierte mich..."

Und diese Kreise wiederholen sich ja überall in unserem Leben - um mit den ganz profanen Dingen anzufangen, schau dir dort die Windrose an! Oder die in der Kreisform doch vollendete Gestalt des alten Leuchtturms! Wie plump wirkt dagegen der Radarturm, den unsere Zeit hervorbrachte. Und oben drauf dreht sich dieses technische, völlig unmystische Teil in gleichförmiger Bewegung. Aber was gibt es, wenn man seine Bahn mitzeichnet? Na also. Hier habe ich eine Holzkugel. Würde ich sie zersägen - egal, wo, - alle Abschnitte hätten immer Kreisform. Oder ich nehme die Kugel an diesem Faden hier und setze sie in Bewegung - je nach Länge der Schnur beschreibt sie kleinere oder größere Kreise. Und jetzt nehme ich diesen total unförmigen Schotterstein und werfe ihn ins Wasserbecken. Siehst du, -zig Kreise setzen sich um die Stelle herum konzentrisch in Bewegung! Oder dieses Blatt Papier hier - völlig flach und nichtssagend. Ich rolle es zusammen und kann die Welt durch ein kreisrundes Rohr betrachten! Jetzt reiße ich von dem Blatt ein kleines Quadrat ab," flink faltete und riss er eines - „steche mit dem Kugelschreiber in seine Mitte und drehe es um diese Achse - auch seine vier Ecken bewegen sich dabei auf einer Kreislinie. Weißt du, dass es Mathematiker gab, die verrückt wurden, weil sie die Aufgabe der 'Quadratur des Kreises' nicht lösen konnten? Und dabei ist es wirklich unmöglich, mit Zirkel und Lineal einen Kreisinhalt in ein flächengleiches Quadrat zu verwandeln! Ja, sogar die Zeit - deshalb hasse ich digitale Uhren - beschreibt mit beiden Zeigern jeweils einen Kreis." Sein Blick fiel auf seine eigene Armbanduhr, und er sah schuldbewusst, wie spät es schon war.

„Verzeih, ich rede und rede - aber weißt du, ich könnte noch Hunderte von Dingen nennen, die aus Kreisen resultieren oder - wenn auch nicht für jeden ersichtlich, in ihren Bewegungsabläufen solche bilden. Gehen wir jetzt etwas essen? Ich verspreche dir, dich nicht mehr zu langweilen!"

„Du langweilst mich nicht. Aber weißt du, meine Mutter und meine Schwester werden schon auf mich warten. Den Rest dieses letzten Abends muss ich schon mit ihnen verbringen."

Enttäuscht gab er auf, fuhr sie nach Hause und küsste zum Abschied die Innenseiten ihrer Hände. „Was für eine wunderschöne Lebenslinie du hast. Würde man sie an beiden Enden im selben Bogen weiterzeichnen, entstünde ein vollkommener Kreis!"

Judith lachte und verabschiedete sich rasch. Sie war froh, dass Mutter und Schwester ihr viel zu erzählen hatten und sie danach noch einige Zeit mit dem Gepäck für die Rückreise beschäftigt war. So hatte sie keine Zeit, sich der seltsamen Stimmung hinzugeben, in der sie sich befand.

Nach chaotischen, apokalyptischen Träumen, zu denen wohl vor allem das Geschehen um die Sonnenfinsternis und die dabei erlebte Panik beigetragen hatten, erwachte sie am nächsten Morgen wie gerädert. Leander kam sehr pünktlich und als sie dann im Auto saßen, fragte er, ob sie noch einmal mit ihm zur Alten Liebe gehe. „So können wir unseren ersten, gemeinsamen Kreis hier schließen."

Auf der Straße am alten Hafen und am Seedeich herrschte schon reger Verkehr und ganze Gruppen von Fußgängern mit Rucksäcken marschierten Richtung Helgolandfähre. Schweigend gingen sie an den noch wie schlafend schaukelnden Ausflugsbooten vorbei zum Steg.

Diesmal stiegen sie auf die obere Plattform und schauten auf das heute sehr ruhige Wasser. Ein knallorangefarbenes, kleineres Tankschiff kam soeben aus der Elbmündung und die Morgensonne schien sein Orange zu verflüssigen, denn sein Kielwasser schäumte flamingofarben auf...

„Wann kommst du wieder hierher?" fragte er tonlos und legte den Arm um ihre Schultern. „Eventuell kurz vor Weihnachten - aber nur für ein paar Tage, um dann meine Mutter mit zu nehmen. - Oh, schau! Da kommt mein Schiff! Ist es nicht wunderschön?" Die schneeweiße „Scandinavian Seeways" mit ihren aufstrebenden, blauen Streifen gefiel ihr immer noch, obwohl sie ja als Cuxhavener Kind schon Tausende von Schiffen gesehen hatte. „Sie fährt jetzt nach Hamburg - und wir tun das auch!" riss sich Judith förmlich los von diesem von ihr so sehr geliebten Platz, nach dem sie immer zuerst Heimweh bekam.

Auf der Fahrt durch die kleinen, hübschen Dörfer Richtung Stade bat sie ihn dann, ihr noch mehr über die Magie des Kreises zu erzählen, worauf er sofort dankbar einging.

„Weißt du, Ringe und Kreise sind die ältesten Symbole der Menschheit - und das ziemlich analog in allen Erdteilen und Völkern. Das sich dauernd vollendende Rund gilt als Ewigkeitssymbol - und auch den Naturwissenschaftlern begegnet der Kreis auf Schritt und Tritt. Sonne und Mond, ihre Umlaufbahnen - all das sind Gesetzmäßigkeiten, die Macht auf unser Leben ausüben. Nicht umsonst finden Beschwörungen und Riten bei Naturvölkern beim Tanz im Kreis statt. Und schon bei den Amuletten der Steinzeit lässt sich nicht genau sagen, ob die kreis- und ringförmigen Gebilde nur Schmuck- oder auch Zaubergegenstände waren. Ringe und Kreise bekamen früh okkultische Bedeutung als physische und psychische „Fessel". Pythagoras nennt den Ring das Band des Leibes und der Seele. Man streift deshalb den Toten die Ringe ab, um der Seele das Verlassen des Körpers zu ermöglichen. Und Tote, die mit Ringen begraben werden, sagt man, ziehen Lebende, mit denen die Ringe sie verbanden, nach."

„Vermischst du da nicht Aberglaube und Magie?" fragte Judith, der das Thema nun doch zu sehr in dunkle Sphären geriet.

„Die beiden Begriffe lassen sich gar nicht klar trennen!" beharrte er jedoch. „Beide nehmen Einflüsse übersinnlicher Mächte auf uns Menschen an - nur während der Abergläubische ganz egoistisch darauf achtet, dass er sich nicht in überlieferte Gefahren begibt, versucht der Magier, sich diese Mächte untertan zu machen."

„Aber so, wie der Kreis doch in seiner Abgeschlossenheit für die in seinem Innern Befindlichen Schutz bietet, gibt es sicher noch andere positive Interpretationen!"

„Natürlich - schließlich ist der Ring ja auch seit altersher das Symbol der Liebe, der ausschließlichen Bindung an den, der einem den Ring angesteckt hat. Auch alle Arten von Kränzen - vom Jungfernkranz bis zum letzten Liebesbeweis, dem Grabkranz, haben ihren Ursprung im Kreis."

„Du solltest ein Buch darüber schreiben!"

„Das haben andere schon längst getan. Von meiner Mutter habe ich ein Buch mit dem Titel 'Ringe und Kreise - Macht und Magie', aus dem ich viel gelernt habe. Ich werde es dir mit auf die Reise geben, dann hast du eine sinnvolle Lektüre."

"Yes, Professor Higgins!"

Inzwischen waren sie in Hamburg angekommen und Leander steuerte sein Fahrzeug geschickt durch den dichten Verkehr.

In einer Sackgasse, die an einem nicht mehr benutzten Hafenbecken endete, hielt er vor einer Backsteinfassade mit hohen, weißgestrichenen Doppelfenstern mit Bogen und strahlenförmigen Sprossen. Die Eingangstüre war so groß und schwer, dass sogar er sich richtig dagegenstemmen musste. Dahinter befand sich ein kleiner, gepflasterter Innenhof mit einigen Terracottakübeln voller Bambuspflanzen.

Das Gebäude , das Leander und seinem Freund Paul gehörte, bestand aus einem langgestreckten Teil rechts des Tores und einem zweigeschossigen Teil an der Stirnseite, auf den Leander nun zusteuerte. Die Türe hatte einen Rundbogen, der sich auf dem Türblatt zu einem Kreis fortsetzte.

Rundherum sah Judith Schriftzeichen und sie las mit schiefgelegtem Kopf:

„Nulla dies sine circulum. - Kein Tag ohne Kreis?"

„Gut," lachte er - eigentlich sagte der alte Römer Plinius 'nulla dies sine linea' und wollte damit ausdrücken, dass man sich täglich in seiner Kunst üben solle. Ich habe das Zitat dann halt für mich passend modifiziert!"

Drinnen war es trotz der weißgetünchten Wände dämmrig, da das Erdgeschoss außer der Türe offensichtlich keine Öffnung hatte. Aber als Leander Licht machte, beleuchteten helle Strahler ein wandfüllendes, freskenartig gemaltes Bild.

„Das ist doch ein tibetisches Thangka, nicht wahr?"

„Was du alles weißt! Ja, und zwar eine ganz spezielle Form davon, ein Mandala. Das Wort kommt aus dem Sanskrit und heißt..."

„Kreis, natürlich!"

Das Original ist tausendmal eindrucksvoller. Diese Version hier habe ich mit Hilfe der Projektion eines Lichtbilds auf die Wand gemalt. Es ist ein Vasudhara-Mandala, vor dem ich oft meditiere und mich auf den 'Weg zur Mitte' begebe. Siehst du, die drei konzentrischen Kreise - ein Feuer-, ein Wasser- und ein Erdkreis, umschließen den Innenraum mit dem durch starke Mauern abgeschirmten, quadratischen Palast. Im innersten Kreis, dem Heiligtum, sitzt Vasudhara, umgeben von ihren ebenfalls kreisförmigen acht Erscheinungsformen als Nothelferin gegen die acht Gefahren. So symbolisiert dieses Mandala den helfenden, mütterlichen Aspekt."

Judith war sehr beeindruckt und seltsam berührt von der Intensität und Ausstrahlung des Bildes.

Was ihr dann Leander jedoch als Wohnung und Atelier zeigte, machte sie sprachlos.

„Das kann man ja wohl nur als Gesamtkunstwerk sehen!" sagte sie anerkennend. Offensichtlich hatte er vom Bodenmosaik über die rundturmartig abgeteilten 'Sanitärzellen', bis zur um einen alten Kamin herum aus Mauerwerk und Gips hergestellten Sitzbank alles selbst gestaltet. Kreise überall - und das in einer so unaufdringlichen Harmonie von Farben und Materialien, dass Judith eine große Ruhe spürte. Sie setzte sich auf die mit form- und maßgetreu genähten Kissen in orientalischem Paisley-Muster auf der Bank und blickte im wahrsten Sinn des Wortes „in die Runde". An der gegenüberliegenden Wand, zwischen zwei hohen Fenstern, hing ein Bild, dessen Aussage sie fast fröhlich stimmte: auf einem flachen Strand rollte eine riesige Kugel auf das vom Sonnenaufgang goldene Meer zu. Die Kugel war über und über bestückt mit kleinen Brettchen, auf denen Botschaften standen.

Leander, der gerade mit zwei Gläsern kam, sah ihren Blick und erklärte, dass es sich dabei um die Wünsche von Hunderten realer Menschen handele, die er um Mitarbeit gebeten habe.

„Bei meinem nächsten Projekt werde ich auch deine Wünsche mit einbauen - sofern du sie mir anvertraust! - So, hier habe ich uns einen Apéritif!"

Judith schnupperte in das Glas und roch das typische Aroma eines Artischocken-Wermuts. „Du wirst's nicht glauben, aber das ist mein Lieblings-Apéritif," meinte sie.

„Hab ich gewusst," sagte er einfach, „trinken wir auf die Alte Liebe?"

„Auf die Alte Liebe!"

Danach nahm er ihr behutsam das Glas aus der Hand und stellte auch seines auf den Tisch. Er nahm sich eines der Kissensegmente, legte es auf den Boden vor Judith, ließ sich darauf nieder, bildete mit seinen Armen einen Kreis um ihre Hüften und drückte sanft seinen Kopf in ihren Schoß.

„Wie fruchtbar ist der kleinste Kreis, wenn man ihn wohl zu pflegen weiß!" murmelte er.

„Der Künstler reimt auch noch?"

„Ich will mich nicht mit fremden Federn schmücken. Dieser Vers stammt von keinem Geringeren als von Goethe."

Judith wehrte sich noch eine Weile gegen die Wärme, die in ihr aufstieg, als sich der Druck seiner Arme verstärkte - dann erlag auch sie der Magie der Kreise…

Später kochten sie Spaghetti - da nichts anderes zu finden war, nur mit Knoblauch und Öl und lachten sich halbtot über die Schlangensymbolik der Nudeln und ihrer beider Versuche, dieselben in möglichst regelmäßigen, konzentrischen Schichten um die Gabel zu drehen.

„Du weißt, dass ich jetzt dann gehen muss?"

„Kommst du wieder?"

„Ja."

Er brachte sie zum Schiff. Zum Abschied hängte er ihr das Lederband mit dem Silberamulett um, auf dem Yin und Yang aus Onyx und Mondstein in ihrem Kreis glänzten. Sie war tief betroffen.

„Das kann ich nicht annehmen. Das ist doch der Talisman, den du von deiner Mutter bekommen hast!"

„Nein, der ist hier an seinem Platz" sagte er und nahm als Beweis seinen aus dem Hemd. „Dreh deines um!"

„Von Leander für Judith," las sie fassungslos. „Das - das grenzt ja nun wirklich an Magie!"

„Ist es aber nicht. Die Lebensgefährtin meines Freundes Paul ist Goldschmiedin und ich habe gestern Abend telefonisch darum gebeten, dass sie mir bis heute das ihr wohlbekannte Amulett kopiert."

„Ich danke dir. Jeden Tag werde ich es tragen, das verspreche ich dir."

„Und nachts?" - „Auch."

Judith empfand bei ihrer Heimkehr in das typische Londoner Vororthaus noblerer Prägung eine merkwürdige Kälte, als sie vor der grünlackierten Tür mit dem goldenen Löwenring als Türklopfer stand. Sonst hatte ihr Mann stets einen kleinen Blumenkranz winden lassen und ihn als Willkommensgruß an die Tür gehängt. Dass es sinnlos war, jemanden vom Schiff oder vom Flughafen abzuholen, hatten sie schon gleich nach dem Kauf des Hauses festgestellt, denn mit dem Wagen brauchte man durch den dichten Londoner Verkehr drei Stunden - mit der U-Bahn dagegen war Judith in 35 Minuten zu Hause.

Sie schloss auf, schob ihren Koffer voraus, und drückte danach die Türe geräuschvoll von innen zu. Gleich würde John aus der Küche kommen, wo er für ihre Rückkehr den gemütlichen Brunch vorbereitet hatte. An diesen seltenen Tagen blieb er nämlich zuhause - „und das sind in den letzten Jahren eigentlich die einzigen Tage, an denen er sich Zeit für mich genommen hat," dachte Judith in plötzlicher Erkenntnis.

John kam nicht aus der Küche - und er war weder dort, noch in seinem Arbeitszimmer oder im Schlafzimmer. Und an den völlig unberührten Betten sah sie, dass er sicher schon mehrere Tage nicht da gewesen war, denn die Putzfrau kam nur zwei mal pro Woche...

Sie holte in der Küche ihre kleine Espresso-Maschine aus dem Versteck - John hasste dieses 'fürchterliche, italienische Gesöff' - und nahm die Post aus dem Messingteller in der Diele mit an den Küchentisch. Eine Ansichtskarte von ihrer Tochter Judy Bess, die die Semesterferien in der Bretagne verbrachte, und begeistert von Land und Leuten war - am liebsten würde sie dort bleiben...

Mehrere Briefe an Mr., drei an Mr. und Mrs. Andrews...

Sie vermutete, dass John auf einer Geschäftsreise   war. Aber hätte er nicht wenigstens anrufen können oder eine Nachricht hinterlassen?

Außer dass sie über sein Schweigen ungehalten war, stellte sie fest, dass sie ihn überhaupt nicht vermisste. Nach allem, was sie in den vergangenen Tagen erlebt hatte, wäre ihr seine steife, überkorrekte Art nun sicher auf die Nerven gegangen. „Wie anders ist Leander. Bei ihm ist nur Wärme und Geborgenheit. Ich hätte ihm noch sagen müssen, dass ich trotz dieses geregelten Daseins hier jede Minute mit ihm genossen habe und die Erforschung der „Magie des Kreises" mit ihm mir überhaupt kein schlechtes Gewissen verursacht." In ihrer hohlen Hand betrachtete sie das Symbol auf dem Amulett: Yin und Yang, Hell und Dunkel, Männliches und Weibliches im Kreis unauflösbar miteinander verbunden...

Sie war plötzlich sehr müde - in der Schiffskabine hatte sie wie immer schlecht geschlafen - und legte sich auf eines der ordentlich symmetrisch vor dem Kamin im Wohnzimmer stehenden Sofas. Wäre John da gewesen, hätte sie auch das nicht tun dürfen - geschlafen wurde nur im Schlafzimmer! Zum ersten Mal wurde ihr klar, wie lästig ihr eigentlich doch solche von ihrem Mann schon vor vielen Jahren willkürlich aufgestellten Regeln waren, und wie sie dadurch bevormundet und gegängelt worden war. Sie genoss es nun, sich dank seiner Abwesenheit in sämtliche Kissen von beiden Sofas kuscheln zu können...

„Hier bist du!" bei Johns unwilliger Stimme schreckte sie auf. Wie lange hatte sie geschlafen? „Es ist fünf Uhr nachmittags!" sagte er vorwurfsvoll. Sie erhob sich, streckte sich kurz und bekam einen flüchtigen Kuss auf die Stirn. Schuldbewusst verteilte sie die Kissen wieder ordentlich auf die Sofas. John setzte sich auf das linke davon, sie auf das rechte.

„Wie war die Reise?" – „Wie immer." Es folgte das gewohnte Frage- und Antwortspiel nach den Cuxhavener Neuigkeiten, ohne erkennbar ehrliches Interesse seinerseits. „Bemerke ich das erst jetzt?"

Danach erwähnte John kurz, er komme gerade von einer dreitägigen Geschäftsreise nach Birmingham zurück, die sehr stressig gewesen sei. Da er eigentlich schon am Vormittag hatte hier sein wollen - was ihm wegen diverser Verspätungen nicht gelungen sei, habe er sie nicht telefonisch mit diesen Dingen belasten wollen.

Abends lud er sie zum Essen ein und sie tauschten Belanglosigkeiten aus. Judith bemerkte zu ihrem Erstaunen, dass sie froh darüber war, dass er sich beim Nachhausekommen noch in sein Arbeitszimmer verzog.

Zehn Tage später, nachdem er täglich kaum einmal vor 23 Uhr aus dem Büro zurückgekommen war, ging er erneut auf Geschäftsreise.

„Ich muss mit dir reden," sagte er bei seiner Rückkehr dann.

Sie saß ihm mit einem Drink bemüht ruhig gegenüber, betrachtete diesen Mann, mit dem sie seit zwanzig Jahren das Leben teilte, und stellte fest, dass seine Korrektheit nur Fassade war. Was er ihr zu sagen hatte, wusste sie längst - er hatte sich, wie er zugab, schon vor längerer Zeit „gefühlsmässig in eine andere Richtung orientiert", wie er es gestelzt ausdrückte.

Er habe nicht vor, seine Verantwortlichkeiten für diese Familie zu vergessen, selbstverständlich werde er das Studium von Judy Bess weiterhin finanzieren und ihren, Judith's, Lebensunterhalt ebenso. Wenn sie in London bleiben wolle, könne sie auch das Haus behalten. Falls sie jedoch in ihre Heimat zurückkehren wolle, bekäme sie eine Abfindung, um sich dort eine 'standesgemäße' Wohnung zu kaufen. Sie hörte sich sagen, dass er sehr großzügig sei und wollte schon in einem Anflug von gekränktem Stolz seine Mittel ablehnen. Doch, innerhalb einer Sekunde änderte sie ihr gesamtes Verhaltensmuster und dachte völlig kühl überlegt: „Das tut uns gut, Leander!"

Sie nahm also seinen Vorschlag mit der Abfindung an und bat darum, dass diese wenigstens die Hälfte des Werts ihres Hauses haben sollte, was er für sehr vernünftig hielt.

Er dankte ihr in einer für ihn völlig ungewohnten, fast überschwänglichen Art für ihre ruhige Besonnenheit, lobte ihre dezente Haltung und pries sie als die sicher einzige Ehefrau, die die nötige Größe habe, nicht nach peinlichen Details zu fragen. Er sei sicher, sie könnten sogar gute Freunde bleiben.

„Sure", antwortete sie nur...

Seit ihrer Abreise von Hamburg hatte sie nur ein Mal mit Leander telefoniert. Nach der Aussprache mit ihrem Mann rief sie erneut bei ihm an, erwähnte jedoch die jüngsten Ereignisse in ihrem Leben nicht. Er erzählte, dass er sehr viel gearbeitet habe - sowohl in seiner 'Brotkunst', als auch 'richtig'. Eine Woche sei er noch in Cuxhaven gewesen und habe sehr gut verkauft. Das werde nun alles auf sein Sparbuch gelegt für seinen alljährlichen Mallorca-Aufenthalt.

Ob sie denn nach mehr als zwanzig geregelten Ehejahren nicht mal alleine in Urlaub fliegen könne? Er würde ihr so gerne diese wunderschöne, oft total verkannte Insel zeigen.

„Wir werden sehen..."

„Trägst du das Amulett?"

„Immer."

Bis Mitte Oktober hatte sie damit zu tun, ihre persönlichen Dinge in Kisten zu verstauen, vieles, was sie nicht mitnehmen wollte, auszusortieren.

John kam seit ihrer Aussprache, nach der er sofort beim Anwalt gewesen war, nur noch, um saubere Wäsche zu holen, denn diese Arbeiten wurden immer noch von ihrer langjährigen Zugehfrau besorgt.

Einmal, als sie inmitten von Erinnerungsstücken saß und unschlüssig war, was davon in die Kartons zum Mitnehmen sollte, schneite ihre Tochter herein. Judy war ein richtiger Wirbelwind - von ihrem Vater schien sie überhaupt nichts geerbt zu haben.

„Arme Mama!"

„Du musst mich nicht bedauern. Es geht mir erstaunlich gut. Sag mir lieber, wie du damit fertig wirst."

„Genauso gut! Ich bin schließlich kein Kind mehr! Und du weißt, dass Dad schon immer keine große Nähe zuließ. Wie selten habe ich von ihm zärtliche, väterliche Zuwendung erfahren. Eigentlich wird mir das erst jetzt richtig bewusst, wo ich sehe, wie die stolzen Väter mancher Kommilitoninnen mit ihren Töchtern umgehen."

„Deshalb habe ich mich ja auch immer bemüht, für manches einen Ausgleich zu schaffen."

„Ich weiß, Mama. Und ich bin dir sehr dankbar dafür. Hättest du übrigens am nächsten Wochenende mal einen Abend Zeit für mich?"
„Natürlich, wann immer du willst. Was hast du denn mit mir vor?"
„Ich möchte dir jemanden vorstellen."
„Jemanden?"
„Ja, er heißt ganz altmodisch Friedrich Scholl, stammt aus Hamburg und ich habe ihn im Sommer in der Bretagne kennengelernt. Wir haben uns inzwischen sehr lieb. Er kommt jedes zweite Wochenende hierher."
„Ach, mein Kind, das ist ja nun wirklich eine freudige Überraschung!"

Judith mochte Friedrich Scholl sofort. Er war ein ernsthafter, junger Mann, sieben Jahre älter als ihr Wirbelwind Judy und hatte gerade mit Bravour sein Staatsexamen gemacht. Trotz der schwierigen Wirtschaftslage hatte er auch eine Anstellung in einer großen Anwaltssozietät bekommen.
Es stellte sich heraus, dass die Pläne der 'Kinder' schon sehr konkret durchdacht worden waren:
Judy würde in Hamburg weiterstudieren, seine Eltern stellten ihnen eine kleine Wohnung zur Verfügung und am 21. Geburtstag von Judy würden sie heiraten.
„Und weißt du, was mich am meisten daran freut?" fragte Judy ihre Mutter.
„Was denn?"
„Dass du, wenn du nach Cuxhaven zurückgehst, ganz in unserer Nähe sein wirst!"
„Wer weiß, mein Kind, vielleicht komme ich ja noch näher zu dir," dachte Judith im Stillen.

Ende Oktober ließ sie eine Spedition alle ihre Kisten abholen und fuhr nach Hamburg.
Sie hatte Leander informiert, dass sie kommen würde, ihm jedoch immer noch nichts von den Veränderungen in ihrem Leben erzählt.
Zweieinhalb Monate hatten sie sich nicht gesehen.

Würde der Zauber, der sie damals umfangen hatte, noch genauso wirken?

Während des Anlegemanövers stand sie, krampfhaft das Amulett auf die Haut im Pulloverausschnitt drückend, an der Reling.

Sie sah ihn schon von weitem.

Und als er sie umarmte, ihren Kopf an seine Schulter drückte, wusste sie, dass der Zauber ungebrochen und sie nach Hause gekommen war.

„Ich fahre erst morgen weiter nach Cuxhaven!"

„Schön!"

„Wann fliegst du normalerweise nach Mallorca?" fragte sie später.

„Ende November."

„Wo wohnst du dort denn?"

„Bei lieben Freunden, die vor zehn Jahren ein sehr große und ziemlich ruinöse Finca gekauft haben. Sie renovieren sie so nach und nach. Statt einer Miete helfe ich dabei kräftig mit."

„Es könnte sein, dass ich so für zwei Wochen ebenfalls hinfliege!"

Leander hielt den Atem an.

„Wirklich? Zwei Wochen? Mein Gott, machst du mir da eine Freude!"

„Meinst du, deine Freunde würden mich auch aufnehmen? Ich arbeite natürlich gerne auch mit. Weißt du, ich wollte eigentlich früher mal Innenarchitektin werden - und ich bin über meine Tochter, die das gerade studiert, bestens informiert über alle Materialien und Möglichkeiten."

„Ich rufe sofort an!"

„Jetzt noch? Es ist doch schon halb elf durch!"

„In Spanien isst man sehr spät abends - die sitzen jetzt bestimmt noch bei etwa 18 Grad auf der Terrasse und unterhalten sich bei einem Glas Rotwein."

Natürlich könne er Judith mitbringen. Man freue sich sehr darauf, die Frau kennen zu lernen, die in seinen 'inneren Kreis' vorgedrungen sei - meinten seine Freunde ironisch...

Am nächsten Tag, nachdem er ihr alle seine neuen Bilder gezeigt hatte, fuhr er sie nach Cuxhaven.

„Und in London ist noch immer alles 'geregelt' ?" fragte er, als sie an der Alten Liebe standen.

„In London ist alles besser geregelt als je zuvor!" sagte sie knapp und er respektierte es, dass sie offensichtlich nicht darüber reden wollte.

Nach zwei schrecklich grauen, nasskalten Wochen in Cuxhaven und zwei ebensolchen Wochenenden bei Leander in Hamburg schlug Judith vor, früher nach Mallorca zu fliegen als geplant. Er war begeistert. Flüge zu bekommen, war um diese Jahreszeit kein Problem und so konnten sie schon drei Tage später abreisen.

Leander drückte im Flugzeug Judiths Hand und sagte mit Tränen in den Augen, dass er sein Glück, mit ihr nach Mallorca zu fliegen, immer noch nicht fassen könne.

Werner und Johannes, die beiden Freunde von Leander, holten sie ab. Die Finca lag in einem idyllischen Tal im Südwesten der Insel, nicht weit von der Verbindungsstraße zwischen Es Capdella und Galiläa entfernt. Auf dem letzten Wegstück allerdings wurde Judith klar, warum sie einen alten Geländewagen fuhren...

Das riesige Anwesen schien teilweise im Dornröschenschlaf zu liegen. Wären nicht zwei ziemlich windschiefe Strommasten gewesen, hätte man denken können, sich in einem früheren Jahrhundert zu befinden. Von der Architektur der Gebäude war Judith rundweg begeistert.

Sonja, Johannes' Frau und Enriqua, Werners mallorquinische Lebensgefährtin, mochte sie auf Anhieb. Bei einem 'Begrüssungs-Herbas' auf der Terrasse wurden sie auch gleich über die Lebensumstände der vier Finca-Bewohner aufgeklärt:

Johannes sei der Sohn eines vor einigen Jahren verstorbenen deutschen Künstlers und einer Mallorquinerin, die nach dem Tod ihres Mannes und dem ihres Vaters die Leitung des elterlichen Hotelbetriebs übernommen hatte. Johannes hatte Medizin studiert und sich, als er nach Mallorca kam, auf Naturheilkunde spezialisiert. Auf einem großen Teil des Grundstücks am Haus bauten er und seine Frau Sonja, passenderweise eine gelernte Apothekerin, Heilpflanzen an, die Sonja zu Essenzen, Tinkturen und Salben verarbeitete.

Werner war Agraringenieur und bezeichnete sich bescheiden als 'Bauer'. Er zeigte Judith die Schwielen an seinen Händen und meinte dann: „Ich habe lieber hier Schwielen an den Händen von der harten Arbeit als in Deutschland Schwielen auf der Seele vom Stress!"

Seine etwa zweihundert Schafe einer sehr besonderen Rasse waren sein ganzer Stolz. Enriqua verarbeitete die Wolle auf einem altertümlichen Webstuhl zu diversen Kleidungsstücken, die sich auf den Märkten gut verkauften.

In wahres Entzücken geriet Judith, als Werner ihr in einem Stall mit ummauerten Auslauf eine Muttersau mit ihren zehn, wenige Tage alten, quiekenden Ferkeln zeigte. Es war eines der für die Insel so typischen, schwarzen Schweine, die ein Schriftsteller einmal als das 'Totemtier' Mallorcas bezeichnet hatte.

„Leider gibt's immer weniger von dieser Rasse, deshalb habe ich jetzt begonnen, sie zu züchten. Wenn du im Februar wiederkommst, kannst du unsere erste 'matanza' miterleben!"

„Matanza?"

„Ja, so heißt das Schlachtfest, das hier fast rituellen Charakter hat. Es ranken sich daher diverse Mythen und Märchen um dieses Ereignis. Für die Mallorquiner war das Schwein, das alle Reste verwertet und doch köstliches Fleisch bietet, schon immer das wichtigste Haustier. Wenn jemand besonders gut lebt, - bei uns würde man sagen, 'wie die Made im Speck' - so sagt man hier, er führe ein 'Schweineleben'. Es gibt übrigens bis heute noch skurrile Vorschriften: z.B. darf der Metzger, der die Schlachtung vornimmt und die Wurst herstellt, vor der Matanza keinen Verkehr haben! Und am Fest durfte keine Frau, die ihre Tage hatte, teilnehmen. Und die größte Ehre besteht bis heute darin, dem geschlachteten Tier das Schwänzchen abschneiden zu dürfen!"

„Du kannst dich darauf verlassen, dass ich diese Ehre nicht für mich beanspruchen werde!" schüttelte sich Judith und fing eines der Ferkel, das sich auf ihrem Arm dann erstaunlich ruhig verhielt und streicheln ließ.

Die Muttersau war gerade dabei, einige Orangen samt der Schale zu verspeisen, worüber Judith sich sehr wunderte.

„Die Orangen hier sind nicht gespritzt - und du wirst sehen, sie schmecken toll. Für uns und auch die zahlreichen Freunde aus Deutschland sind das hier die besten, die es gibt."

Werner erzählte dann noch, dass er keinerlei industrielles Beifutter für seine Tiere verwende - deshalb gebe es ja dieses tolle Fleisch, weil die Schafe und Schweine alles fressen, was die noch intakte Natur hier ihnen bietet: die Früchte der Steineichen, des Johannesbrotbaums, Feigen, Orangen, viele Kräuter und sogar die Blüten von Mandelbäumen, wenn beim Auslichten Äste auf dem Boden liegen.

Judith war restlos begeistert.

„Es ist wirklich paradiesisch hier!"

„Ja, das sagt man hier auf dem Land auch - es ist 'el paraiso'."

Danach wurde Judith durch die ausgebauten Teile der Gebäude geführt. Für jedes der Paare gab es schon zwei Zimmer und jeweils einen Sanitärbereich. Die riesige Küche, in die man unmittelbar beim Betreten des Hauses kam, wurde gemeinsam benutzt, denn die Mahlzeiten nahm man hier, an einem urigen, gescheuerten, langen Holztisch vor dem großen Kamin, gemeinsam ein und Sonja und Enriqua kochten sie auch miteinander. In die Küchenzeile integriert war ein alter, gusseiserner Herd von enormen Ausmaßen, der im Winter im ganzen Haus für angenehme Wärme sorgte. Im Sommer dagegen wurde auf einer Feuerstelle, die in die Terrassenmauer eingelassen war, gekocht und im Haus blieb es hinter den sechzig Zentimeter dicken Steinmauern angenehm kühl.

Das Gästezimmer, in dem Leander schon seit einigen Jahren mehrere Monate verbrachte, trug unverkennbar seine Handschrift - er hatte es selbst renoviert und im Stil seiner Hamburger Atelierwohnung gestaltet. Dass ein runder Eckturm Teil des Zimmers war, kam seinen Wünschen natürlich sehr entgegen...

All die weichen Formen - dank einem kleinformatigen 'Knopfmosaik' sogar in dem kleinen Badezimmer, übten auf Judith eine unwahrscheinlich beruhigende Wirkung aus.

Der Blick aus dem schmalen Turmfenster auf die von knorrigen Johannisbrotbäumen gesäumte Auffahrt ebenso.

„Hier ist Ruhe, Frieden, Harmonie. Hier werde ich wieder zu mir selbst finden," dachte sie dankbar.

Nach einigen Tagen des Eingewöhnens schlug Leander vor, dass er ihr nun die Insel zeigen könnte. Wenn sie morgens mit Johannes in die Praxis fahren würden, hätten sie danach den Jeep vollends den ganzen Tag zur Verfügung.

Judith bestand jedoch darauf, einen 'normalen' Mietwagen zu nehmen und meinte, sie sei schließlich nicht arm wie eine Kirchenmaus und wolle auch etwas zu ihrer gemeinsamen Zeit hier beitragen.

Allerdings mussten sie dann - was sie lachend Hand in Hand absolvierten, etwa 800 Meter zum Parkplatz des Wagens zu Fuß zurücklegen, denn dem PKW konnte man keinesfalls den schrecklich löchrigen, holprigen Weg zumuten.

Am ersten Tag fuhr er mit ihr nach Porto Andratx hinunter, sie tranken Kaffee vor der Kulisse der protzigen Jachten. Judith blickte nach links und rechts auf die dicht mit den Villen der „Schönen und Reichen" zugepflasterten Hügel und sagte kopfschüttelnd:

„So was darfst du mir maximal alle zwei Wochen mal zumuten!"

„Test bestanden! Alles, was jetzt kommt, wird dir gefallen," lachte Leander.

Und die Fahrt auf der kurvigen Strecke an der Westküste entlang, mit traumhaften Ausblicken auf das an diesem Tag lapislazuliblaue Meer, bis zum Dorf der tausend Terrassen, wie er Banyalbufar nannte, rief dann bei Judith wirklich atemloses Staunen hervor.

Direkt in einer scharfen Kurve oberhalb des Dorfes bog er in einen geschotterten Parkplatz ein.

Unsicher blickte er sie an.

„Ich weiß so wenig von dir. Wanderst du eigentlich gerne?"

„Sehr. Nur bin ich darin nicht mehr so geübt, da mein Mann außerhalb des Golfplatzes keinen Schritt mit mir zu Fuß ging."

„Es wären etwa eineinhalb Stunden hin und zurück, mit nur ganz leichten Steigungen – denkst du, das ginge?"

„Sicher."

Und so wanderten sie die zauberhafte Strecke hinüber zum Port d'es Canonge. Kein Mensch außer ihnen war unterwegs. Zwischen den Pinienstämmen durch sah man dauernd das Meer, der Weg war weich gepolstert von unzähligen, vermodernden Lagen von Piniennadeln. Und da es in der Mittagssonne fast 25 Grad warm war, duftete das Harz der Bäume und ließ sie tief einatmen.

Vor Es Canonge setzten sie sich auf einen Felsvorsprung.

Judith lehnte sich an ihn.

„Ich weiß nicht mehr, wann ich mich das letzte Mal so von allem losgelöst gefühlt habe. Vielleicht sollte ich sagen, dass ich auch noch nie so glücklich war."

Dankbar küsste er sie auf den Scheitel, nahm ihre Hand, drückte sie gegen seine Brust.

„Mir geht es genauso."

In einem winzigen Lokal, dessen riesige Terrasse in der Saison wohl von zehn mal soviel Gästen besetzt war, als drinnen Platz hatten, aßen sie Pa amb Oli, Schinken und ein ganzes Schüsselchen aromatischer Oliven und machten sich danach auf den Rückweg.

Vom Parkplatz aus fuhr Leander dann eine bewaldete Strecke Richtung Puigpunyent, auf der sie ebenfalls alleine unterwegs waren. Zweimal flüchtete eine Herde wilder Ziegen knapp vor ihnen über die Straße, setzte in weiten Sprüngen über Gestrüpp und meterhohe Felsen hinweg. In Galiläa bog er in die steile, enge Gasse zum Ortszentrum ein, stellte das Auto auf einem Parkplatz unweit der Kirche ab.

Über den mit ausgetretenen Steinplatten gepflasterten Vorplatz gingen sie zu der niederen Mauer und setzten sich. Die Aussicht war atemberaubend.

„Es gibt keinen schöneren Platz für mich, um den Sonnenuntergang zu betrachten," sagte er.

„Wunderschön ist's hier. Und wenn man versuchen würde, das hier natu-ralistisch zu malen, gäbe es viele, die das für ausgemachten Kitsch hielten."

„Genau. Ich könnte es also maximal auf Pizzabrettchen malen. Vielleicht sollte ich dieses einträgliche Geschäft hier auch anfangen, um mich irgendwann bei Johannes und Werner einkaufen zu können."

„Würden die denn was verkaufen?"

„Klar. Selbst, wenn beide Paare irgendwann doch noch Kinder bekämen, wäre das Anwesen noch zu groß. Du hast ja gesehen, wie viele Nebengebäude dazu gehören."

Als die Sonne unter den Horizont getaucht war und nur noch einen schmalen Streifen des Meeres in der Ferne blutrot färbte, zog Leander Judith in die Kirche.

Sie war nichts Besonderes, aber in ihrer schmucklosen Einfachheit doch beeindruckend.

Sie setzten sich in eine der vorderen Bänke und er drückte Judiths Hand so heftig, dass es schmerzte.

„Ich sage dir hier, dass ich nicht mehr ohne dich leben kann - und auch nicht will!"

„Musst du auch nicht," antwortete sie sehr bestimmt.

Und auf dem restlichen Rückweg erzählte sie ihm endlich, was sich in ihrem vorher so 'geregelten' Leben alles verändert hatte.

„Und ich werde hier bei dir bleiben, solange du willst. Und du kannst es dir sparen, dein Talent auch noch hier mit Brettchen-Malen zu vergeuden. Gleich morgen werden wir uns die schönen Ruinen bei der Finca genau ansehen, und uns den Teil aussuchen, in dem wir den Schnittpunkt unserer Lebenskreise erkennen."

Heftig atmend lehnte er sich an den knorrigen Stamm eines Johannisbrotbaumes vor dem Tor der Einfahrt. Er weinte.

„Bis heute wusste ich nicht, wie weh es tun kann, plötzlich überglücklich zu sein."

Annia erhielt reichlich Beifall für die spannungsreiche Gestaltung der Geschichte bis zu dem anrührenden Happy end und Judith und Leander wünschte man alles Gute für den, wie sie sagten, gerade in Angriff genommenen Ausbau ihres Domizils auf der Finca.

Bald danach brach man in kleinen Grüppchen auf, da ja immer einige denselben Heimweg hatten.

„Nur ich," beklagte sich Claudius, „ ich hab's erstens sehr weit und zweitens muss ich auch noch alleine fahren!"

„Dafür hast du's dann bei meiner letzten Lesung viel näher!" tröstete Annia ihn.

„Die werden wir nämlich bei dir veranstalten müssen, da Francesca am nächsten Wochenende ihr Hotel öffnet. Nicht wahr? Wie immer traditionell zu San Sebastià?"

Francesca nickte.

„Wie wär's, wenn wir uns am Sonntag Nachmittag, wenn die Galerie geschlossen ist, auf deinem Bahnsteig treffen?" wandte sich Annia an Claudius.

„Natürlich, gerne!"

„So um 15 Uhr?"

„Sehr angenehm!"

Also traf man sich wieder einmal in Sineu, der Inselmitte, die für einige von ihnen auch Mittel- und Wendepunkt ihres Lebens geworden war.

Claudius hatte bereits alle verfügbaren Stühle in einem großen Halbkreis um die niederen Tische herum gestellt, Margarita hatte ihren freien Sonntag geopfert, um ihm zu helfen, Kaffee für alle zu kochen, frischen Orangensaft zu pressen und Geschirr bereitzustellen. Annia und Nathalie wollten aus einer berühmten Konditorei in Palma Kuchen und anderes Gebäck mitbringen.

Claudius hatte es sich nicht verkneifen können, für die zierliche Annia aus einer nahegelegenen Bar einen hochbeinigen Hocker zu besorgen und lachte zufrieden, als sie probeweise hinaufkletterte.

Sie schüttelte oben jedoch den Kopf, sprang herunter und erklärte, sie sei gewohnt, mit beiden Beinen auf der Erde zu stehen und werde keinesfalls von 'da oben' lesen. Sie trug den Stuhl nach drinnen, nahm sich eines der Stuhlkissen und setzte sich wieder auf den Rand des größten Terrakottatopfes unter die Birkenfeige.

Es war ein für Januar viel zu heißer Tag. Über den metallenen Skulpturen flimmerte die Hitze und in diesem Geflimmer bewegte sich, auf geheimnisvolle Weise alle gleichzeitig auf- und abschwirrend, eine Wolke aus Tausenden von Eintagsfliegen.
„Früher," sagte Claudius, „ früher gab es noch Schwalben. Die hätten hier schnell aufgeräumt. Heute sind selbst die kleinsten Straßen geteert und die Schwalben finden kaum mehr Pfützen, um das Baumaterial für ihre Nester zu holen. Außerdem - das muss man leider zugeben, wurden viele abgeschossen. Fragt besser nicht, warum!"
Er nahm sich ein Sitzkissen von einem der Stühle, legte es neben den großen Topf, auf dessen Rand Annia saß, auf den Boden. Seine Augen waren nun auf derselben Höhe wie die ihren.
Seltsam, gerade jetzt fiel ihr die Quintessenz des Lebens dieses Bayernkönigs ein: 'ein ewiges Rätsel will ich bleiben...' Sie hielt diesem Blick stand, fand, seine Augen hätten einen sonderbar fiebrigen Glanz.
Er wurde verlegen, sagte brüsk:
„Na, nun fang aber endlich an - wir warten alle!"
„Ich musste unbedingt warten, bis Francesca da ist, denn es ist heute ihre Geschichte, die ich vorlese. Und ich dachte, dass sie sie lieber an einem 'neutralen Ort' hört, nicht im Hotel, wo so viele Erinnerungen dadurch aufgewühlt werden könnten. Ist es nicht so, Francesca?"
Die gerade Eingetroffene nickte und setzte sich etwas abseits.
„Gestern hat man in Francescas Hotel mit den Gästen San Sebastiá gefeiert und die großen Veränderungen in ihrem jungen Leben begannen damals ebenfalls an diesem Festtag.
Ich habe die Geschichte deshalb auch einfach mit dem Namen dieses wichtigen, mallorquinischen Heiligen überschrieben.

San Sebastià

Versonnen saß Francesca auf dem Cap oberhalb von San Telmo. Hier, genau an dieser Stelle, hatte sich ihr Leben heute vor dreißig Jahren innerhalb weniger Stunden grundlegend geändert.

Nachdem ihr Blick an den zahlreichen Appartementhäusern in der Bucht vorbeigestreift war, empfand sie Dankbarkeit, dass zumindest dieses felsige Cabo Blanco und das riesige, einem Elefantenrücken gleichende Massiv der Insel Dragonera noch genauso wild und unberührt wirkten wie damals.

Schon als Kind war sie von den Felsen hier fasziniert gewesen. Sie hatte, wenn sie ihnen mit den Augen folgte, die verschiedensten Formationen und Skulpturen entdeckt: Eine von Gischt umschäumte Zackenlinie glich einer Gruppe springender Delfine, nicht weit davon saß eine Riesenechse aus der Urzeit über der Brandung. Eine kleine Bucht wurde vom massigen Mähnenkopf eines Löwen bewacht. Und dann waren da noch die vom Wasser zu weichen Formen ausgewaschenen beiden Säulen, die so verblüffend der Haltung eines sich aneinander lehnenden Paares ähnelten.

Francesca zog den grauen Wollponcho enger um sich, denn trotz der Mittagssonne war der Wind kühl – schließlich war erst der 20. Januar...

Hätten nicht ihre halblangen, grauen Haare und die Fransen ihres Ponchos im Wind geweht, man hätte sie von weitem ebenfalls für eine Felsskulptur halten können.

Ja, die meisten von ihr so geliebten Plätze hier waren zum Glück nur wenig verändert – und mit geschlossenen Augen erkannte sie auch die altvertrauten Geräusche wieder: das auf- und abschwellende Tosen der Brandung, das fast explosionsartige Donnern, wenn die Wellen gegen die steilen Felswände krachten und das Zischen der gleich danach hoch aufschäumenden Gischt.

Nur sie selbst hatte mit dem jungen Mädchen, das heute vor genau dreissig Jahren zu San Sebastiá in mallorquinischer Tracht um das Feuer tanzte, nicht mehr viel gemeinsam...

In San Telmo wohnten damals nur einige Fischerfamilien und es gab nur eine kleine Bar, in der man einen völlig unverbaubaren Blick übers Meer und nebenbei köstliche Tapas genießen konnte.

Eine der Fischersfamilien besaß ein recht großes Haus und vermietete im Sommer Zimmer. Im Winter, wenn der Westwind die Wellen mit großem Getöse in die Bucht schleuderte, waren nie Gäste da.

Francesca war die jüngste Tochter dieses Fischers, Sebastiá Villalba. Schon als sie kaum zehn Jahre alt war, stellten Feriengäste aus Deutschland und England fest, dass das hübsche, kleine Mädchen sehr sprachbegabt war. Man riet den Eltern, sie in eine höhere Schule zu schicken. Die gab es allerdings damals nur in Palma und regelmäßige Verkehrsverbindungen dorthin existierten noch nicht.

Eine Schwester ihrer Mutter wohnte jedoch in einem Vorort Palmas und da sie eine Tochter im selben Alter hatte, war sie gerne bereit, Francesca wochentags bei sich aufzunehmen.

Die Kleine lebte sich dort schnell ein, ging gerne zur Schule und war eine ausgezeichnete Schülerin.

Zuhause verbrachte sie nur noch die Wochenenden und die Ferien, kam daher mit den wenigen Kindern in San Telmo kaum zusammen: wenn sie mit einem Buch unterm Arm auf ihr Cap kletterte, wurde sie zwar respektvoll, aber doch auch irgendwie scheel angesehen.

Als sie achtzehn wurde und die Schule als Beste ihres Jahrgangs verließ, war ihre Familie bereits zu bescheidenem Wohlstand gekommen. Der Vater plante, aus der kleinen Pension ein richtiges Hotel zu machen, dessen Direktorin natürlich die von ihm abgöttisch geliebte Tochter werden sollte.

Die fangfrischen Fische könnten dann zukünftig im zum Hotel gehörenden Restaurant auf den Tisch kommen. Die ältere Tochter, Zarzuela, hatte nämlich – vom Vater weniger beachtet, aber dennoch

Eine versteckt liegende Finca

Sonne auf alten Mauern

Palma: vor der Kathedrale La Seu

genauso erfolgreich – eine Köchinnenlehre im damals einzigen Luxushotel Palmas absolviert.

Der Sohn Pedro – im Alter zwischen den Schwestern – sollte die auf drei Boote angewachsene Fischerflotte übernehmen.

Da es auf Mallorca damals weder Universität, noch eine Hotelfachschule gab, setzte Francesca ihre Ausbildung in Barcelona fort. Auch dort schloss sie mit Bravour ab und absolvierte danach noch ein Praxisjahr in einem großen Hotel an der Costa del Sol. Als sie dort kündigte, weil der Väter sie drängte, wegen des Neubaus nach Hause zu kommen, fiel der Hotelbesitzer aus allen Wolken und versuchte, sie mit einem fürstlichen Gehalt und schließlich gar mit einem Heiratsantrag zum Bleiben zu bewegen, den sie freundlich aber bestimmt ablehnte.

So kam sie also Anfang Januar des folgenden Jahres nach Hause und ihr stolzer Vater war überglücklich, seine ‚kleine Hoteldirektorin' als Unterstützung zu haben. Dabei überragte sie – inzwischen zu einer 22-jährigen Schönheit gereift, den eher untersetzten, rundlichen Vater, dem man die harte Arbeit auf dem Meer ansah, um mindestens eine Handbreit.

Von nun an fuhr sie täglich mit ihrem Vater auf die Baustelle, überprüfte gewissenhaft die Arbeit der Handwerker.

Das Hotel sollte am ersten März fertig sein, und der Innenausbau hatte gerade erst begonnen. Bald ließ ihr Vater ihr völlig freie Hand bei allen Entscheidungen.

So nahte der 20. Januar – das traditionsreiche Fest des San Sebastiá – und gleichzeitig der Geburtstag ihres Vaters.

Schon immer wurde an diesem Tag ein großes Fest gefeiert. Von morgens an schleppten Pedro, der Sohn, und die anderen Fischer Holz auf das Felsplateau des Cabo Blanco, auf dem keine Bäume standen und schichteten es dort zu einem riesigen Stoß auf.

Tags zuvor hatte eine ‚matanza' stattgefunden und die dabei hergestellten Würste, die Sobrasadas und Butifarros hingen in langen Reihen in der Speisekammer.

Francesca hatte, als Überraschung für ihren Vater, drei Musiker bestellt, die traditionelle, mallorquinische Musik spielen würden.

129

Außerdem waren heimlich, mit einigen anderen jungen Frauen und ihrer Cousine aus Palma, mehrere Tänze eingeübt worden.

Schon gegen sechs Uhr abends waren Familie und Freunde vollzählig eingetroffen, und man stieß mit vielen guten Wünschen auf das Wohl von Sebastiá und seines heiligen Namensgebers an.

Danach zog die ganze Gesellschaft, mit Klappstühlen und Kissen bewaffnet, zum Felsplateau. In großen, flachen Körben wurden Empanadas, Brot und die schon auf Spieße gesteckten Würste transportiert. Einige der Männer trugen bauchige Korbflaschen mit Rotwein.

Allen voran sprang Pedro, als Feuerteufel verkleidet. Mit wehendem, rotem Mantelumhang, einer furchterregenden Maske schwang er funkensprühend eine Fackel in der einen, einen Dreizack drohend in der anderen Hand. Die Musikanten folgten mit ihren Dudelsäcken und die Mädchen tanzten im Gehen und ließen die hellen Fransentücher ihrer Trachten wehen.

Als man vor dem großen Holzstoß ankam, standen in einiger Entfernung schon viele Zuschauer, denn man wusste im Dorf, dass Sebastiás Geburtstag jedes Mal ein aufregendes Schauspiel war.

Pedro entzündete mit seiner Fackel das Holz an mehreren Stellen, und bald loderte ein riesiges Feuer in den Abendhimmel.

Die älteren Personen, mit Sebastiá in ihrer Mitte, setzten sich auf die mitgebrachten Klappstühle, und während die Würste im Feuer brutzelten, führten Francesca und ihre Freundinnen die Tänze vor.

Je öfter die Korbflaschen kreisten – man trank ohne Becher direkt daraus – desto lauter wurde das rhythmische Mitklatschen und Stampfen der Füße bei den Zuschauern. Als Francesca schließlich ihren Vater zum Tanz aufforderte, erreichte die Begeisterung ihren Höhepunkt. Sebastiá verlor beim Tanz jede Schwerfälligkeit, seine Bewegungen und Schrittfolgen waren von einer unglaublichen Harmonie und Grazie. Als wäre er ein um die spröde Schönheit Werbender, umtanzte er die Tochter, fiel zum Schluss theatralisch auf die Knie, reckte mit einem lauten ‚Arriva!' den Arm hoch, nahm Francescass Hand und drückte einen leidenschaftlichen Kuss darauf. Mit geröteten Wangen zog sie den Vater hoch und umarmte ihn unter Beifallsstürmen.

Er war völlig außer Atem, schnaufte aber glücklich und griff nach einer Korbflasche, um einen tiefen Schluck zu nehmen. Dann fuhr er mit dem Hemdärmel über die Öffnung, reichte die Flasche in die Reihen der nähergerückten Zuschauer und lud sie alle ein, mit ihm zu feiern. Er zog seine Frau, seine drei Kinder in die Mitte des Kreises und rief:

„Bin ich nicht der glücklichste Mensch unter Mallorcas Sonne? Betet mit mir zu San Sebastiá, dass das so bleibt!"

Nach diesen ergreifenden Momenten wurde wieder zum Tanz aufgespielt, und bald drehten sich viele Paare im Reigen um das Feuer.

Vor Francesca stand plötzlich ein hochgewachsener, schlanker Mann mit wirrem, blondem Haar und wasserhellen Augen im kantigen, braungebrannten Gesicht und bat sie, mit ihm zu tanzen. Verwirrt folgte sie ihm, dachte, das könne sicher kein Mallorquiner sein, staunte dann jedoch, wie gekonnt und temperamentvoll er den Tanz ihres Vaters von vorhin wiederholte.

Beim letzten Akkord fiel er nicht auf die Knie, sondern riss sie heftig an sich. Für einen Augenblick spürte sie seine heißen, spröden Lippen direkt neben ihrem Ohr, in das er ihr in akzentfreiem Kastilian flüsterte, er liebe sie und sie müsse ihm gehören. Dann ließ er sie abrupt los, ging drei Schritte rückwärts, legte die rechte Hand auf sein Herz, beugte kurz den Oberkörper und ging dann schnell in die Dunkelheit davon.

Völlig verdutzt stand sie da, wurde jedoch sofort wieder von anderen Tänzern weggezogen und zum Weitertanzen aufgefordert.

Bald darauf begab sich die ganze Gesellschaft zurück ins Fischerhaus, wo noch bis weit nach Mitternacht gegessen, getrunken, gefeiert wurde.

Niemand fiel auf, dass Francesca ziemlich abwesend zu sein schien. Ständig kreisten ihre Gedanken um diese seltsame, spukhafte Begegnung. Wer war dieser Mann?

Nach einer unruhigen Nacht fuhr sie zur Baustelle, obwohl Samstag war und eigentlich niemand arbeitete. Sie betrat die zukünftige Hotelhalle. Da stockte ihr der Atem.

In einem grauen Overall, die Haare noch wilder und widerborstiger um den Kopf, arbeitete dort - e r !!!

In Sekundenschnelle wusste sie Bescheid: der Architekt hatte ihr für die künstlerische Ausgestaltung der Hotelhalle einen Studienfreund aus Deutschland empfohlen, der schon in vielen Großobjekten erfolgreich mit ihm zusammengearbeitet hatte. Sie könne auch einige seiner Skizzen hier auf der Insel ansehen: in der Galerie von Claudius Droste im alten Bahnhof von Sineu. Sie war hingefahren und sofort begeistert von den mit wenigen, gekonnten Strichen hingehuschten Entwürfen für Wandbilder, die Claudius Droste in einer Mappe aufbewahrte.

Er hatte ihr auch die Anschrift von Johannes F. Langenheim gegeben und sie hatte, da sich am Telefon nie jemand meldete, schriftlich um einen Entwurf und ein Angebot für ihre neue Hotelhalle gebeten. Die Bauarbeiter erzählten ihr wenige Tage später, ein 'komischer Mensch' sei da gewesen, habe gesagt, er sei Künstler und die Chefin habe ihn um ein Angebot gebeten - er wolle nur kurz die Maße der Wand nehmen.

Der Entwurf für ein Mosaik-Wandbild hatte sie sofort beeindruckt, und da der Künstler offensichtlich zugleich ausführender 'Handwerker' war, entsprach auch sein Preis ihrem Budget.

Ohne ihn gesehen zu haben, hatte sie den Auftrag erteilt.

Also musste er wohl Johannes F. Langenheim sein...

Er hatte sich langsam umgewandt, schüttelte den Staub aus dem wirren Haar, wischte kurz die Hände an einem Lappen ab und kam dann zu der wie angewurzelt dastehenden Francesca.

Er nahm ihre rechte Hand in seine beiden, drückte sie und sagte schlicht:

„Nun weißt du also, wer ich bin."

„Ja," stotterte sie - „aber Sie können auch deutsch mit mir reden, Herr Langenheim!"

„Oh là là - eine perfekte Dame, meine mallorquinische Chefin. Aber 'Sie' - und 'Herr Langenheim'? Du wirst doch nicht leugnen wollen, Francesca, dass auch du gestern Abend dasselbe empfunden hast?"

Unsicher senkte sie den Kopf. Wie konnte man eine derart rasante Entwicklung und einen so plötzlich aufgekommenen Sturm der Gefühle nur so einfach ausdrücken?

Was geschah da mit ihr?

Nichts geschah - außer dass er sie an der Hand zu seiner Arbeitsstelle führte, ganz sachlich Erklärungen abgab.

„Siehst Du, hier habe ich schon den Rahmen der halbgeöffneten Türe aus dem Gips geschliffen. Er wird mit braunglasierten, länglichen Fliesen ausgefüllt. Man wird später den Eindruck haben, als stehe man direkt vor einer realen Türe und schaue über eine Terrassenbalustrade aufs Meer. Und hier - genau hier wird die Insel Dragonera zu sehen sein! Ach - du kennst bislang ja nur meine Skizze! Hier zeige ich dir, wie es wirklich aussehen wird!"

Er entrollte mehrere Bogen von riesigen Ausmaßen, beschwerte die Ecken jeweils mit Steinen und so entstand vor ihr das zukünftige Wandbild, schon in Farbe gezeichnet. Sie fand es wunderschön.

Gleich darauf meinte er spöttisch, er müsse nun weiterarbeiten, denn sie wolle ja schließlich etwas sehen für ihr Geld! Ob sie aber am morgigen Sonntag Zeit habe? Er würde ihr gerne in Palma etwas zeigen und sie danach zum Essen einladen. Mit einem schlichten „Ja" versuchte auch sie eine knappe Antwort.

Als sie am nächsten Morgen zuerst zu ihrer als Alibi vorgeschobenen Tante in Palma fuhr, war sie ziemlich ratlos. Was sollte das werden mit diesem merkwürdig anziehenden Mann? Natürlich hatte sie schon einige kurze Freundschaften gehabt - aber er und die ganze Situation waren so völlig anders als alles, was sie bisher erlebt hatte.

In der kleinen Bucht vor Illetes wartete er schon in einem älteren Geländewagen. Sie fuhren in Richtung Genova. Damals gab es ja weder den Autobahnring um Palma, noch waren die Hügel Genovas zugebaut. Am Ende einer offensichtlich vor kurzem geteerten Privatstraße hielt er vor einem großen Anwesen. Er öffnete das Tor der Einfahrt und sie traten in einen Vorhof mit Brunnen, Arkaden und vielen exotischen Pflanzen, die an den Wanden rankten.

Doch - nein! Nur die Brunnen waren echt - alles andere war in Trompe-
l`oeil-Technik auf die Wände gemalt worden.

Sie setzte sich auf den Rand eines Brunnenbeckens und ließ diesen
andalusisch-maurischen Traum auf sich wirken.

„Es gefällt dir also - dann komm weiter!"
Fast in jedem Raum hatte er seine künstlerischen Spuren hinterlassen.
Da gab es eine Tür, die er zu einem Säulengang in einen Orangenhain
gemacht hatte - über einer niederen Kommode „öffnete" sich ein
imaginäres Fenster zu einem Patio mit quadratischen Wasserbecken und
Amphoren voller blühender Pflanzen. Atemlos stand sie schließlich an die
Brüstung der echten Terrasse gelehnt und betrachtete die ganz reale,
beherrschende Aussicht auf Schloß Belver, die Türme der Kathredale von
Palma und den pittoresken Hafen.

Als er mit zwei Gläsern Sherry zu ihr kam, beantwortete er ihren wortlos
fragenden Blick. „Nein, das hier gehört nicht mir. Mein deutscher
Auftraggeber war so begeistert von meinen Arbeiten, dass er mir als
„Bonus" sozusagen anbot, wann immer ich wolle, im Gästetrakt zu
wohnen und dabei ein bisschen auf sein Haus aufzupassen."

Währenddessen hatte er sie zu einer kleineren, etwas tiefer gelegenen
Terrasse gebracht, die offensichtlich zu den Gästewohnungen gehörte.
Er rückte ihr einen Stuhl zurecht, gab ihr eines der Gläser, legte ihr nur
eine Hand auf die Schulter und sagte „Auf uns!" und nahm im Stehen
einen tiefen Schluck. Am Ende der Terrasse befand sich ein gemauerter
offener Kamin, in dem ein Barbecue-Feuer glühte. Auf einem Rost
darüber stand eine der typischen schwarzen, eisernen Paella-Pfannen.

Sehr geschäftig ging er nun mehrmals ins Haus und brachte Teller,
Besteck, Gläser, eine Karaffe mit Rotwein, einen Brotkorb, eine Platte
mit fein ge-schnittenen Tomaten und eine kleine Schüssel mit
Zitronenhälften. Zuletzt ging er mit einer großen Schüssel zum Grill und
schüttete den Inhalt in die heiße Pfanne, aus der eine zischende Wolke
aufstieg. Er setzte sich kurz zu ihr, goss Wein in zwei Gläser und erklärte
knapp: „Wir werden hier essen !"   Mit einem Holzlöffel wendete er

mehrmals den Inhalt der Pfanne, aus der schon aromatische Schwaden von Knoblauch und Kräutern über die Terrasse wehten.

Stolz präsentierte er seine 'Gambas nach Art des Hauses', die er mit zerdrückten Knoblauchzehen, frischen Rosmarinzweigen und einigen Wacholderbeeren gebrutzelt hatte.

„Es schmeckt märchenhaft!" lobte Francesca, der kein passenderes, deutsches Adjektiv einfiel.

Johannes lachte.

„Na, Gott sei Dank, meine Mallorquina hat ihre Sprache wiedergefunden. Und wie entzückend sie sich ausdrückt!"

„War es nicht korrekt?"

„Ach, weißt du, vom Essen sagt man vielleicht eher, dass es 'köstlich' ist, aber das nette Kompliment nehme ich gerne an."

Er goss erneut Wein nach und wurde plötzlich ernst.

„Francesca, ich muss dir sagen, dass ich 38 Jahre alt bin - also, soweit ich weiß, sechzehn Jahre älter als du. Ich habe viel Zeit vertan mit Dingen und Beziehungen, die nichts wert waren oder menschlich gesehen, nicht zählten. Aber ich wusste immer, dass ich mich letztendlich 'aufbewahren' müsste für den wirklich wichtigen Menschen, dem ich eines Tages sicher begegnen würde. Es hat lange gedauert, dich zu finden. Ich dränge dich nicht - auch wenn es da am Sebastià-Feuer den Anschein hatte. Aber bitte, sag mir eines ehrlich: siehst auch du uns auf einem gemeinsamen Weg?"

„Ja."

Als sie am Abend zurück nach San Telmo fuhr, war sie sicher, dass sie jeden Weg mit ihm gehen würde.

Zwei Wochen lang arbeitete Johannes wie besessen an dem Mosaik in der Hotelhalle.

Einige Male war Francesca abends nach Genova gefahren. Am Tag der Fertigstellung des Wandbildes kam sie zum ersten Mal nachts nicht in ihr Elternhaus zurück.

Als sie ihrem entsetzten Vater am nächsten Morgen die Wahrheit sagte, schleuderte er ihr seine ganze, enttäuschte Wut, seinen verletzten

Vaterstolz ins Gesicht, warf ihr vor, sein Lebenswerk zu zerstören und beendete seine Hasstiraden mit der Drohung:

„Wenn du diesen hergelaufenen Fliesenleger-Ausländer heiratest, brauchst du dieses Haus nie wieder zu betreten!"

Stumm packte sie das Nötigste in zwei kleine Koffer, verabschiedete sich von ihrer schluchzenden Mutter.

Wenige Tage später flog sie mit Johannes auf das Festland, wo er noch einige kleine Reparaturen und Korrekturen an von ihm ausgeführten Arbeiten zu machen hatte.

Zwei Monate danach heirateten sie in einer historischen Kapelle aus der Stauferzeit in Süddeutschland, nahe des Geburtsortes von Johannes.

Erst bei der Hochzeit erfuhr sie, dass das F. von seinem abgekürzten zweiten Vornamen für 'Felix', also 'der Glückliche' stand. Und sie versprach ihm, alles zu tun, damit er das auch bleibe...

Über Glück und Harmonie gibt es meist nichts Spektakuläres zu berichten...

Sieben Jahre lang folgte sie Johannes zu allen Orten, an denen er größere Aufträge zu erledigen hatte, schrieb seine Angebote, bestellte und prüfte die Materialien. Mehrmals waren sie dabei auch auf Mallorca gewesen - aber nach San Telmo war sie nie gefahren. Zu unverzeihlich schien ihr immer noch die fast hasserfüllte Reaktion des von ihr doch so vergötterten Vaters.

Dann wurde Johannes-Sebastià geboren und von nun an sagten ihre Freunde und Bekannten, sie seien das einzige Glückskleeblatt mit nur drei Blättern...

Francesca arbeitete nun überwiegend zu Hause, machte Reportagen für Zeitschriften und war bald auch eine vielbeschäftigte Dolmetscherin.

Einmal hatte sie dann doch ihrer Mutter geschrieben, ihr Fotos von dem Enkelkind geschickt. Eine Antwort hatte sie nicht bekommen.

Wenige Tage nach seinem 63. Geburtstag erlitt Johannes auf dem Gerüst vor einem besonders hohen Wandbild einen leichten

Schwächeanfall, stürzte aus vier Metern Höhe auf die Steinplatten, war sofort tot.

Francesca und ihr Sohn, der gerade Abitur gemacht hatte, waren wie versteinert. Alle Freunde, die ihnen Trost zusprechen wollten, wunderten sich, dass keiner der Beiden weinte oder Schmerz zeigte.

Bevor der Sohn ein Medizinstudium begann, flog seine Mutter mit ihm zum ersten Mal nach Mallorca. Sie zeigte ihm auf dem Kap den Ort, an dem alles begonnen hatte. Und hier löste sich endlich alles in ihr - sie schrie, schrie den Schmerz in die tosende Brandung.

Der junge Johannes, seinem Vater so ähnlich, legte den Arm um die zuckenden Schultern seiner Mutter und sagte schlicht - wie der Vater es getan hätte:

„Du hast mich!"

Zu ihrem Elternhaus war sie nicht mit ihm gegangen - aber von diesem Tag an hatte sie wieder Lebenswillen.

Nun, Jahre danach, war die erste Nachricht von ihrer alten Mutter gekommen: ihr Vater sei schwer krank und wolle sie noch einmal sehen, bevor er sterbe.

Ohne Groll ließ sie alles stehen und liegen, flog am nächsten Tag.

Als sie ihren schrecklich abgemagerten Vater umarmte, fragte er nur leise: „Friede?"

„Friede!"

Ob es möglich wäre, seinen einzigen Enkel zu sehen?

Francesca rief Johannes an, bat ihn, sich zu beeilen.

Kaum hatte er sich liebevoll über den jetzt erst gefundenen Großvater gebeugt, ihm auf mallorquin gesagt, dass er ihn so gerne früher kennengelernt hätte, schlief dieser ganz friedlich inmitten seiner endlich wieder vollzählig vereinten Familie ein.

Francesca fröstelte.

Wie lange hatte sie auf dem Felsen gesessen? Schon nach vier Uhr war es! Rasch stand sie auf, wischte entschlossen die Erinnerungen von der Stirn und ging zum Elternhaus, in das sie einige Zeit nach dem Tod des Vaters zurückgekehrt war. Die Mutter konnte und wollte dort nicht mehr alleine leben und ihre Schwester Zarzuela wohnte mit ihrem Mann, der, als der Vater krank geworden war, mehr schlecht als recht die Leitung des Hotels übernommen hatte, in einem dort angrenzenden Gebäude.

Alle waren froh, dass sie zurückgekommen war - und sie selbst auch, denn ihr Sohn studierte in einer weit entfernten Stadt, hatte mit seiner Freundin eine Wohnung genommen und ihr hatte eigentlich eine Aufgabe gefehlt, die sie forderte.

Sie eilte den steinigen Weg hinunter. Um sieben Uhr würden mehr als hundert Gäste erwartungsvoll in den Garten des Hotels kommen, um am Feuer das Fest des Sant Sebastià zu feiern. Als Hoteldirektorin hatte sie bis dahin noch eine Menge zu tun...

Viel Beifall belohnte Annia, als sie geendet hatte. Francesca dankte ihr unter Tränen, meinte, sie könne sich kein schöneres Andenken an ihren Mann vorstellen, als diese so sensibel formulierte Geschichte.

„Ich danke dir, Francesca, und ich danke euch allen für eure Berichte. Leider muss ich schon übermorgen nach Deutschland zurückfliegen. Mein Verlag wartet darauf, dass ich das Manuskript wie gewohnt in das Textprogramm dort eingebe. Sobald das Buch fertig ist, werde ich es euch allen schicken!"

Bedauern über ihre frühe Abreise, gute Wünsche für die Fertigstellung und den Erfolg des Buches, herzliche Abschieds-Umarmungen für jeden.

Auch für Claudius, der nun wieder aus seiner üblichen Distanz auf sie herabblickte. Doch sie war es ja gewohnt, auf Zehenspitzen stehen zu müssen.

Ein Jahreskreis

Zuhause hatte sie keine Zeit, noch viel über Claudius' rätselhafte Blicke und seine Bemühungen, die Distanz zwischen ihnen zu überwinden, nachzudenken.

Tagelang saß sie in einem Büro, das ihr der Verlag zeitweise zur Verfügung stellte, am Computer. Als alle Texte ausgedruckt waren, musste Korrektur gelesen werden. Die Gestaltung der Umschlagseiten, die Auswahl der Fotos, das gesamte Layout - all das nahm ebenfalls viel Zeit in Anspruch. Dennoch schaffte sie es, den Termin, den sie sich selbst gesetzt hatte, einzuhalten - sie kannte sich: erst unter Druck konnte sie konsequent und konzentriert arbeiten...

Pünktlich ging das Buch zur Druckerei und hätte eigentlich zu Ostern fertig werden sollen.

Nach der stressigen 'Kopfarbeit' brauchte sie körperlichen Ausgleich und sie ging mit Feuereifer daran, das alte, kleine Haus, das sie vor kurzem unweit des Bodensees gekauft hatte, zu renovieren.

Sie schliff alte Holzdielen ab, strich Wände, tapezierte, kochte für die handwerklich begabten 'Mitarbeiter' aus dem Freundeskreis.

Einige Tage lang war auch ihre Freundin Nathalie bei ihr, die in einer Konstanzer Galerie eine Ausstellung hatte. Annias Haus gefiel ihr sehr. Sie schlug vor, die Rückwand des langen Flurs mit einem Fenstermotiv zu bemalen, damit man den Eindruck hätte, es gehe dort ebenfalls ins Grüne. Da Annia von der Idee begeistert war, machte Nathalie sich sofort ans Werk. Es reizte sie, einmal etwas völlig anderes gestalten zu können als sonst. Das Ergebnis gefiel beiden. Nathalie meinte zwar bescheiden, es sei eben kein 'Johannes F. Langenheim' aber für ihren ersten Versuch in diese Richtung vielleicht gar nicht so schlecht...

An den Abenden lebte sich Annia ins kulturelle Angebot ihrer neuen Heimat ein, besuchte Vernissagen, Lesungen, Konzerte.

Eine 'Szenischer Vortrag' eines bekannten Schauspielers, der Hesses 'Siddharta', begleitet von original indischer Musik rezitieren wollte, interessierte sie besonders. Hermann Hesse hatte einige Jahre auf der Halbinsel Höri am Bodensee verbracht und es gab daher viele Veranstaltungen zu seinem Werk.

Glücklich, trotz des Andrangs noch ein Karte bekommen zu haben, wollte sie gerade ihr Mobiltelefon ausschalten, als dieses klingelte.

„Hallo?" - sie meldete sich nie mit ihrem Namen...

„Hallo, ich bin's!"

„Wer ist 'ich'?" Sie erkannte die Stimme nicht.

„Na, Claudius Droste!"

Sie hatte noch nie mit ihm telefoniert. Seine Stimme schien ihr zu hell zu sein für seine Körpergröße.

„Pardon!" lachte sie, „ich hab dich wirklich nicht erkannt!"

„Und - wie sieht's am Bodensee aus? Frühling in Sicht?"

„Hör mal, Claudius, ich bin gerade dabei, zu einem interessanten Vortrag zu gehen. Rufst du in zwei Stunden noch mal an? Dann hab ich Zeit zum Plaudern!"

„Oh, natürlich. Entschuldige. Erzähl mir dann genau, wie's war!"

Die eigenartig schwebende Musik, die ausdrucksstarke Rezitation des Schauspielers, der den gesamten Text auswendig kannte, nahmen sie völlig gefangen.

Während die meisten anderen Besucher nach Beendigung des Vortrags noch diskutierend um die provisorische Bar herum standen, ging sie zu ihrem Auto. Sie musste alleine sein, noch eine Weile diese Losgelöstheit, die sie spürte, genießen.

Schließlich fuhr sie nach Hause. Nachdem die Begrüßungsstürme ihrer kleinen Tibetterrier-Hündin 'Chou-chou' abgeebbt waren, legte sie wie gewohnt Schlüssel und Handy auf die Treppe. Erst jetzt fiel ihr auf, dass sie vergessen hatte, das Ding wieder einzuschalten. Und es war schon nach elf Uhr. Nicht Claudius' wegen - sie wusste, er würde als kultivierter Mensch um diese Zeit nicht mehr anrufen - sondern, weil sie im Haus noch kein Telefon hatte und - hauptsächlich für ihre erwachsenen Kinder - erreichbar sein wollte, schaltete sie es wieder ein und legte es auf ihren Nachttisch.

Dabei ignorierte sie wie jeden Abend den besorgten Rat ihrer Tochter: „Leg das Ding nicht in die Nähe deines Betts - die Strahlung ist Gift für dein ohnehin geschädigtes Herz!"

Annia jedoch schlief mit dem wohligen Gefühl „jemand sorgt sich um mich" meist sogar besser ein...

Kurz vor halb neun am nächsten Morgen - sie hatte gerade dem Hund die Türe geöffnet - hörte sie das Klingeln, rannte ins Schlafzimmer, erreichte das Telefon erst beim sechsten oder siebten Ton.

„Einfach zu erreichen bist du nicht!" Unmut schwang in seiner Stimme, die heute dunkler klang.

Sie schilderte ihm, wie und warum sie am Abend zuvor so gefangen gewesen war, dass sie vergessen hatte, das Telefon wieder einzuschalten, berichtete begeistert von der Musik, dem Vortrag, der so authentischen Wirkung der Hesse-Texte.

Wie es ihr gehe? Ob das Buch Fortschritte mache? Ob der Frühling denn nun endlich in Sicht sei?

Es gehe ihr gut, das Buch sei vielleicht noch vor Ostern fertig - aber der Frühling lasse jetzt, Mitte März, schon noch auf sich warten - immerhin blühten aber schon die Forsythien.

„Magst du 'Solveigs Lied' gerne?" spielte er auf die bei ihm im Hintergrund zu hörende Musik an.

„Ja, Grieg im allgemeinen - und Solveigs Lied ganz besonders."

„Na, dann hab ich's ja richtig getroffen. Ich wünsche dir noch einen schönen Tag. Kann ich wieder mal anrufen?"

„Natürlich."

Das Buch wurde nicht vor Ostern fertig.

Erst Ende April hielt sie den fertigen Band in Händen, fand ihn gelungen.

Die Fotos, ebenfalls von ihr selbst gemacht, waren sehr farbgetreu wiedergegeben und sie war daher rundweg zufrieden.

Sie machte sich daran, jeweils ein Exemplar mit persönlichen Widmungen an ihre Freunde von der 'Bahnhofsrunde' zu schicken.

Da sie allen noch einen Brief dazu schrieb, nahm das einige Tage in Anspruch.

Eines Abends rief Claudius an.

„Ich höre grade von Sonja und Johannes, Judith und Leander, dass die dein Buch schon bekommen haben. Warum hab ich denn noch keines? hast du mich vergessen?"

„Mein Gott, nein! Du bist doch mit dem Bahnhof der Rahmen für die ganze Handlung. Wie könnte ich dich also vergessen? Ich konnte nur nicht alle gleichzeitig wegschicken - und außerdem ist euer 'Correos' bekanntlich weder besonders schnell, noch zuverlässig."

„Wann hast du denn meins weggeschickt?"

„Vor drei Tagen."

„Dann ist ja zu hoffen, dass es demnächst kommt. Ich muss zugeben, dass ich ziemlich gespannt bin. - Und wie sieht's denn jetzt bei euch mit dem Frühling aus?"

„Toll! Alles blüht. Die Obstbäume in den riesigen Pflanzungen hier haben üppige weiße und rosafarbene Hauben. Bienen und Hummeln schwirren geschäftig durch Duftwolken, die schon den Honig ahnen lassen."

„So kann das nur eine Dichterin ausdrücken. Schön hast du das beschrieben - ich sehe und rieche es förmlich."

Dann, völlig unvermittelt:

„Kann ich dich denn mal besuchen?"

„Wenn du möchtest - gerne!"

„Ich möchte gerne. Bis bald dann!"

In den folgenden Wochen war sie - nach Erscheinen des Buches - sehr viel unterwegs. Interviews für Rezensionen in der Presse, Signierstunden in großen Buchhandlungen, erste Leseabende füllten ihre Tage oft bis in den späten Abend aus. Als sie nach Hause kam, quoll ihr Briefkasten über - alle ihre Freunde, denen sie die ersten Exemplare geschickt hatte, wollten sich bedanken, ihr mitteilen, wie gelungen sie es fanden.

An einem der ersten ruhigen Tage rief Claudius an, beklagte sich, er versuche seit Wochen, sie zu erreichen - nie sei sie zu Hause und ihr Handy habe sie offensichtlich auch selten an - und wenn, dann sei nur das Besetztzeichen zu hören...

Schließlich müsse er ihr ja mitteilen, wie er das Buch finde. Er finde es nämlich wirklich gut, ihre Sprache exzellent und seine Rolle darin 'sehr angenehm'. Gerne würde er sich mit ihr persönlich darüber unterhalten. Er müsse Ende Mai nach Zürich und Bregenz. Ob es ihr passe, dass er sie auf dem Weg besuche? Er fliege nach Stuttgart und werde dort einen Mietwagen nehmen. Wie er sie finde?

Und dann war er eines Freitags da, beugte sich ihr lächelnd entgegen, und wollte geküsst werden.

„Bist du gewachsen?" wunderte er sich.

Lachend verneinte sie, zeigte auf ihre hochhackigen Stiefeletten.

„Meinetwegen?"

„Klar."

„Überflüssig. Ich liebe nämlich kleine Menschen! Bei denen ist alles so konzentriert vorhanden. Vor einiger Zeit war in der Station eine Gruppe von Besuchern mit Zwergenwuchs. Da war eine Frau dabei, die wunderhübsch anzuschauen war und ich habe ihr spontan einen Heiratsantrag gemacht!"

„War die denn noch kleiner als ich?"

„Viel kleiner!"

„Na, dann bin ich dir ja Gott sei Dank zu groß zum Heiraten," lachte sie ironisch.

„Würdest du mich denn heiraten?"

Sie ging auf den Spaß ein und schlug vor, er solle sie mal in einem halben Jahr wieder fragen...

Er stellte dann fest, er habe einen ziemlichen Hunger, da er ja seit fünf Uhr dreißig schon auf den Beinen sei.

Da traf es sich gut, dass ein gutes Gasthaus in der Nachbarschaft ihres Hauses lag.

Als sie eine Stunde später aus dem Restaurant traten, hatte der Himmel sich bedeckt und ein recht kühler Wind war aufgekommen.

„Gehst du trotzdem ein Stück mit mir spazieren?"

„Gerne - der Hund wird sich freuen."

„Ach ja, richtig. Den kenne ich ja noch nicht. Wo hattest du ihn denn immer versteckt?"

„Sie. Es ist ein Tibet-Terrier-Mädchen. Sie mag keine Menschenansammlungen, deshalb lasse ich sie entweder im Auto oder im Hotelzimmer. Aber sie war jedes mal auf Mallorca mit dabei und wir genießen die herrlichen Wanderungen, die man dort machen kann."

Sie zog sich rasch bequemere Schuhe an und trat mit Chou-Chou an der Leine aus dem Haus. Der Hund zog sofort knurrend und bellend in Richtung Claudius.

„Man könnte nicht sagen, dass er sich freut, mich zu sehen."

„Sie. Sie empfindet besonders männliche Eindringlinge in unsere harmonische Zweisamkeit als störend."

„Na, dann mach ihr mal klar, dass ich kein Eindringling, sondern ein hoffentlich gern gesehener Gast bin!"

„Sollten sich Ihre Besuche häufen, Senor Droste?"

„Schon möglich."

Sie gingen um den ganzen Mindelsee herum, drei Stunden lang, trotz des zeitweisen Regens und nasskalten Windes. Claudius erzählte eine fast unendliche Geschichte über Bongo, den ersten Hund, den er auf Mallorca hatte. Immer fantastischere Wendungen, skurrilere Szenen schilderte er - bis zu einem überraschenden, kuriosen Schluss, der ihr allerdings ziemlich konstruiert vorkam. Aber sie hatte viel zu lachen über die verrückten Steigerungen, die diese Hund-Herr-Komödie ständig erfuhr und lehnte sich, als sie aus war, erschöpft an einen dicken Baum.

Er hob ihr feuchtes Gesicht sanft dem seinen entgegen, wischte ihr mit den Lippen einen Regentropfen von der Nase und küsste sie dann sehr zärtlich auf den Mund.

„Du bist eine richtige, kleine Waldfee. Und so wunderbar ungekünstelt."
Gleich danach verflog der weiche Ausdruck in seinem Gesicht wieder und er sagte brüsk:
„Nun wollen wir uns aber beeilen, dass wir zu Kaffee und Kuchen kommen. Wo gehen wir dazu hin?"
„Zu mir, wenn dir Apfelkuchen recht ist?"
„Sehr angenehm. Selbst gebacken?"
„Selbst gekauft."
„Beachtlich, wie du meine Sprechweise schon nach wenigen Stunden imitierst. Warst du auch mal Schauspielerin?"
„Nur in Schüler- und Laienspielgruppen."
„Ich habe, bevor ich Galerist wurde, richtiges Theater gemacht. In München, unter Everding."
Schwang da eine leichte Überheblichkeit mit? Und diese theatralisch wirkende Geste, mit der er sich die ebenfalls feuchten Haare in Form strich, dabei etwas geziert den Kopf drehte - „ein Narziss!" dachte sie belustigt.

Als er das erste Mal ihr Haus betrat, musste er sich in Acht nehmen. Alles war eigentlich zu niedrig für ihn.
Aber er war voll des Lobs. Ihre Einrichtung fand er sehr individuell, die kunterbunte Kunstmischung an den vollgehängten Wänden originell, ihren Kaffee hervorragend, den Kuchen köstlich.
„Kann ich Musik machen?"
Er stöberte in ihrem CD-Regal, sagte anerkennend, dass sie ganz schöne Aufnahmen dabei habe, stellte fest, dass sogar ein Schostakowitsch da sei - sehr angenehm! - legte ihn auf.
Lange Zeit hörten sie schweigend, etwas müde von dem langen Spaziergang, der Musik zu. Dann begann er in dem auf dem Tisch liegenden Bildband zu blättern, den sie erst kurz zuvor gekauft hatte.
„Tolle Fotos von der Lüneburger Heide! Da müssen wir bald mal hin."
„Wir?"
Seine so konkret klingenden Planungen, nachdem sie sich gerade mal wenige Stunden ganz privat kannten, amüsierten sie.

„Willst du mir nicht zuerst mal sagen, wie deine Pläne für dieses Wochenende sind?"

„Klar. Heute Abend essen wir wieder im Hirschen drüben, dort hab ich mir vorhin auch schon ein Zimmer bestellt. Morgen fährst du mit mir nach Zürich, wir sehen uns die Ausstellung an, fahren zurück, gehen wieder mindestens drei Stunden spazieren, essen wieder nebenan und danach kannst du mich zu einem Glas Wein einladen. Am Sonntag muss ich spätestens um 13.30 Uhr los, da um halb sechs mein Flieger geht."

„Und Bregenz?"

„Mach ich das nächste Mal."

Nach dem Abendessen sagte er, er sei müde - schließlich sei es ein sehr langer Tag für ihn gewesen. Er brachte sie zu ihrer Haustüre, küsste sie hier wieder zart und ohne jede Forderung, hob dann etwas hilflos die Schultern und meinte, mit der Liebe sei das so eine Sache...

Liebe? Nach einem halben, gemeinsam verbrachten Tag sprach er von Liebe?

„Ich bin mal gespannt, Claudius Droste, was du darunter verstehst," dachte sie beim Einschlafen.

Um kurz nach acht klingelte ihr Telefon. Gott! Sie hatte verschlafen! Er wunderte sich sehr, dass sie so eine Langschläferin sei. Hier auf dem Land müsse man doch beim ersten Hahnenschrei oder vom Zwitschern der Vögel aufwachen. Wie lange sie brauche, um fertig zu werden?

„Zwanzig Minuten - und dann muss ich noch schnell mit dem Hund raus, weil ich ihn lieber zu Hause lasse."

„Da gehe ich dann mit - ich hab nämlich schon gefrühstückt. Das Buffet ist hier viel zu üppig für mich!"

Auf der Fahrt nach Zürich erzählte er wieder in so unterhaltsamer Art von den schrulligen, manchmal sogar abstrusen Allüren mancher Galeriebesucher, dass sie aus dem Lachen nicht herauskam. Nach einer Geschichte von zwei Japanern, die er und seine Mitarbeiterinnen in Erwartung umfangreicher Kunstkäufe mit allem bewirtet hatten, was da war und diese sich aber schließlich als arme, verirrte Gruppentouristen entpuppt hatten, sagte sich Annia verwundert, dass dieser Mann ja förmlich Medizin für sie sei...

Sie kannte die Galerie, zu der er wollte, da ihre Freundin Nathalie dort auch schon ausgestellt hatte und dirigierte ihn sicher durch den dichten Züricher Verkehr.

„Ist das ein Künstler, der auch bei dir schon ausgestellt hat?"

„Nein, der war vor kurzem mal bei mir in der Station, hatte nur zwei Skizzen dabei. Ich fand sie ganz ordentlich, bat ihn, mir mitzuteilen, wann er seine nächste Vernissage hat, damit ich mir seine Bilder anschauen kann und danach entscheide, ob er bei uns ins Konzept passt. - Sag mal, warum kennst du dich eigentlich so gut aus hier?"

„Ich war einige Jahre sehr viel hier."

„Mit einem Mann?"

„Ja."

Er war danach plötzlich sehr schweigsam, rannte förmlich durch die Ausstellung, schüttelte ständig verärgert den Kopf und verurteilte die gezeigten Werke gnadenlos.

„Hätte ich nach den Skizzen nicht gedacht, dass der so einen Schrott produziert. Bei mir kann er das mit Sicherheit nicht aufhängen!"

Schnell waren sie wieder draußen.

Ob er Lust hätte, einen Bummel durch die sehenswerte Altstadt zu machen? - ablehnendes Kopfschütteln.

Dann vielleicht etwas Leichtes zu essen in einem der hübschen Restaurants am Limmatufer? - Eventuell!

Das von ihr ausgesuchte, urig-pittoreske Lokal fand er dann aber doch 'sehr angenehm'.

„Hier warst du wohl auch einige Jahre 'sehr viel'?"

„Ja. Und hier bin ich immer noch sehr gerne. Heute zum Beispiel bin ich gerne mit dir hier. Und außerdem, Claudius Droste, habe ich ein Vorleben wie du sicher auch!"

„Hast ja Recht. Entschuldige."

Er nahm ihre Hand, küsste zärtlich ihre Innenseite und staunte dann über sich selbst: 'So etwas' habe er noch nie in aller Öffentlichkeit gemacht!

Über diesen merkwürdigen Anflug von Prüderie musste sie derart lachen, dass sich andere Gäste amüsiert nach ihnen umwandten - worüber er peinlich berührt war und die Rechnung verlangte.

Auf dem Weg zum Wagen sagte sie:

„Ich nehme jetzt einfach in aller Öffentlichkeit deine Hand, Claudius Droste!"

„Freches Stück!" aber er überließ sie ihr und drückte sie vorsichtig.

Nach wenig mehr als vier Stunden waren sie wieder zu Hause, holten den Hund und machten - diesmal bei Sonnenschein - einen langen Spaziergang. Annia freute sich, dass Chou-chou ihn offensichtlich langsam zu akzeptieren begann.

Bevor sie wieder zum Essen 'nebenan' gingen, machte Annia Feuer in ihrem Kaminofen, da die Abende immer noch kühl waren.

Als sie zurückkamen, war es wohlig warm und sie zündete viele Kerzen an. Ihre Sammlung der verschiedensten Leuchter gefiel ihm und er erwähnte, er habe auch einige. Einmal habe er einen ganz besonderen gehabt, aber das sei eine lange und ziemlich makabere Geschichte, als 'Abendprogramm' für sensible Naturen völlig ungeeignet. Er werde sie daher mal an einem sonnigen Nachmittag erzählen.

Was sie denn für Musik hören wolle?

Sie bat ihn, selbst etwas auszusuchen, was er der Stimmung entsprechend finde und freute sich, als bald darauf 'Clair de lune' von Debussy erklang.

„Darf man bei dir rauchen?"

„Was rauchst du denn?"

„Zigarren. Genauer gesagt, Havanna."

„Da werde ich sogar ein wenig mitrauchen!"

„Das hätte ich nun nicht erwartet."

„Du weißt noch vieles nicht."

„Den Eindruck hab ich leider auch!"

Sie setzte sich neben ihn, reichte ihm ein Glas Rotwein, nahm ihres. „Auf unsere gegenseitigen Entdeckungen!"

„Hm. Der Wein ist sehr gut. Ein Franzose?"

Während sie ihm die Provenienz des Weins erklärte - er kam aus einer Gegend unweit von Nathalies Haus - schnitt er etwas ungeschickt die Zigarre ab, verletzte dabei das Deckblatt.

Sie nahm sie ihm aus der Hand, klebte die Stelle mit der Zunge wieder an, nahm ein langes Streichholz und brachte die Zigarre in einem förmlichen Ritual zum Brennen.

„Das kannst du also auch. Ich brauche wohl nicht zu fragen, wo du das gelernt hast!"

„Bei keinem geringeren als Zino Davidoff - Gott hab ihn selig!"

„Erstaunlich. Ist der denn schon lange tot?"

„Leider. Er war der nobelste und charmanteste ältere Herr, den ich je kennenlernte."

„Na, jetzt kennst du ja mich!"

Er nahm einen tiefen Zug, reichte ihr dann die Zigarre.

„Eigentlich bin ich ja gekommen, um dir ein wenig zu helfen und dir einiges über das Leben im Allgemeinen und das einer Dichterin im Besonderen beizubringen. Aber nach diesen zwei Tagen habe ich den Eindruck, ich muss einiges von dir lernen."

„Warum dachtest du denn, ich bräuchte Hilfe?"

„Tja, weißt du, nachdem du damals von Mallorca abgereist warst, habe ich den kleinen Lyrikband, den du mir dagelassen hattest, mehrmals gelesen. Ich bin zutiefst berührt von der Intensität deines Ausdrucks, den Gefühlen und Stimmungen und den darin anklingenden, oft anscheinend sehr schmerzlich gewesenen Erlebnissen."

„Ja, das siehst du richtig. In diesem Band habe ich einige sehr schwierige Situationen meines Lebens aufgearbeitet. Aber das Niederschreiben war auch Therapie für mich. Die Erinnerungen schmerzen heute nicht mehr. Ich bin offen für Neues, Zukünftiges."

„Auch offen für mich?"

„Bis zu einem gewissen Grad bin ich offen für jeden, mit dem ich mich gerne unterhalte, bei dem ich eine Seelenverwandtschaft entdecke."

Er gab ihr die Zigarre, legte seinen Kopf in ihren Schoß.

„Weißt du, dass ich mich sehr wohl hier fühle mit dir?"

„Ich fühle mich auch wohl."

„Darf ich dich morgen wecken, damit wir vormittags noch spazieren gehen können, bevor ich weg muss?"

„Natürlich!"

Sie stellte sich, als er ging, auf die Stufe vor der Haustüre, war ihm so viel näher und konnte ihm die Arme um den Hals legen.

Als sein Kuss fordernder wurde, schob sie ihn sanft weg und sagte:

„Zu früh, Senor Droste!"

Als hätte sich die letzte Glut der Zigarre übertragen, spürte sie seine Lippen auf ihren Handflächen brennen - dann sagte er heiser:

„Bis morgen dann. Schlaf gut, du Elfe."

Pünktlich um acht klingelte ihr Telefon. Aber sie war längst wach und fertig, worüber er sich erstaunt freute.

Als sie vorschlug, auf die Insel Reichenau zu fahren, war er begeistert.

Sie fuhren mit ihrem Auto, einem kleinen Cabriolet. Er zwängte sich hinein, der Hund reklamierte seinen angestammten Platz, fand ihn nicht neben diesen langen Beinen und großen Füßen und verzog sich leise knurrend auf die Rückbank.

„Vielleicht ist Claudius Droste doch eine Nummer zu groß für zwei kleine Mädchen!" scherzte sie und lachte, als er sie von der Seite betroffen anschaute.

„Ich finde das nicht so witzig!"

„Aha! Aber wenn du dich über meine Größe lustig machst, soll ich das witzig finden?!"

Sie beendete das diffizile Thema und erzählte ihm, dass die Reichenau erst im Jahr zuvor von der UNESCO zum Welt-Kulturerbe erklärt worden sei, dass irische Mönche damals als erste hier im Bodenseeraum missioniert und das Kloster gebaut hätten.

Vor der ältesten der Kirchen auf der Insel parkte sie den Wagen, ließ den Hund darin und zog Claudius ins archaische Dunkel des frühromanischen Bauwerks.

„Bist du evangelisch oder katholisch?"

„Ich *war* katholisch - und sogar sehr. Einige Schuljahre verbrachte ich in einer Klosterschule. Und Ministrant war ich auch lange Zeit!"

Eine Weile saßen sie stumm nebeneinander auf einer der spartanischen, schmalen Bänke. Dann spürte sie, dass es ihm unangenehm war.

Draußen atmete er hörbar auf.

„Ich muss das erst wieder lernen!"

„Was?"

„Diese verdammte, heilige Stille zu ertragen!" brach es aus ihm heraus und sie erschrak sehr darüber.

Als sie jedoch dann den romantischen, oft von Jasminzweigen überhangenen Uferweg entlanggingen, war die Missstimmung bald verflogen. Auf einer Bank unter einer Hängeweide nahm er ihre Hand, sah ihr in die Augen, seufzte tief.

„Das wird eine wenig umweltfreundliche Beziehung werden!"

Fragend lächelte sie ihn an.

„Was glaubst du, wie oft meine Sehnsucht nach dir den Kerosinverbrauch in die Höhe treiben wird!"

„Das ist die originellste und netteste Liebeserklärung, die mir je gemacht wurde!"

Dann sagte sie sehr langsam und akzentuiert:

„Wir schöpfen uns einen Eimer Zeit. Siehst du, der nasse Sand rinnt viel langsamer durch die Uhr. Und lachend wie Kinder trotzen wir der Ewigkeit, die flüsternd die Kiesel am Ufer reibt."

Er sah sie an. Seine Augen überzog ein feuchter Film.

„Mein Gott, ist das schön. Hast du diese Zeilen geschrieben? Für wen?"

„Ich hab's noch nicht geschrieben. Ich hab's mir gerade ausgedacht. Für dich!"

Er drückte ihren Kopf an seine Brust. Sie sollte nicht sehen, dass er weinte. Der Hund lag völlig ruhig im Schatten unter der Bank und schien instinktiv zu spüren, dass da eine Harmonie war, die man nicht stören durfte. Nach einiger Zeit blickte Claudius seufzend auf seine Uhr.

„Es ist schlimm - aber wir müssen zurück!"

Als er in den Mietwagen stieg, sich noch einmal zärtlich zu ihr herausbeugte, ihr für all die wunderschönen Stunden dankte, ergriff sie Panik. Konnte man das Glück nicht noch eine Weile verlängern, festhalten?

„Warte!" sagte sie, brachte den Hund ins Haus, holte ihre Handtasche, schloss die Haustüre ab und stieg zu ihm in den Wagen.

„Ich fahre mit dir und später mit dem Schnellzug zurück. Dann haben wir noch drei Stunden zusammen!"

„Eine halbe Ewigkeit," strahlte er.

In der darauffolgenden Woche hatte sie viel zu tun, da sie sowohl in ihrer alten, als auch in ihrer neuen Heimat Leseabende mit ihrem grade erschienenen Buch abhalten sollte - und das an zwei aufeinanderfolgenden Tagen.

Claudius rief täglich mehrmals an, klagte, dass sie ihm so sehr fehle, sagte, er wäre so gerne wenigstens an diesem Leseabend am Bodensee mit dabei.

Nachdem sie mit der schon routinierten Sicherheit im Umgang mit dem Publikum den ersten Abend absolviert hatte, fuhr sie am nächsten Morgen gutgelaunt Richtung Bodensee. Sie war gerade mal vierzig Kilometer gefahren, als er anrief.

„Ich hab kurzfristig einen Flug bekommen, bin gerade in Stuttgart gelandet. Ich nehme mir jetzt einen Mietwagen und bin in zwei Stunden bei dir!"

„Irrtum. Ich bin erst vor kurzem losgefahren und bin in einer halben Stunde am Flughafen, nehme dich mit und bringe dich am Sonntag - du fliegst doch Sonntag? - wieder zurück."

„Wird dir denn das auch nicht zuviel?" Echte Besorgnis klang in seiner Stimme, tat ihr wohl.

Schon von weitem sah sie seine hochgewachsene Gestalt vor der Abflughalle stehen.

„Freust du dich, dass ich da bin?" Er drückte sie zärtlich an sich, küsste sie auf ihren Scheitel.

„Sehr."

„Wo ist denn der Hund?" wunderte er sich im Auto.

„Ich fürchtete, dieses Wochenende nicht viel Zeit für sie zu haben, deshalb hab ich sie zu meinem Sohn gebracht - den liebt sie sehr!"

„Darf ich mir etwas wünschen?" fragte er, als sie schon gegen ein Uhr am Bodensee ankamen.

„Alles, was du willst," erwiderte sie mutig.

„Reicht die Zeit, um für eine Stunde auf die Reichenau zu fahren?"

„Natürlich, mein Großer!"

„So hast du mich noch nie genannt!"

„Und - gefällt dir das?"

„Ja, mein Kleines."

Sie fuhr auf der Reichenau dieses Mal gleich in die Nähe des Uferwegs. Heute war am Parkplatz eine Verkaufsbude aufgestellt, aus der es verführerisch nach Gegrilltem roch.

„Isst du was mit mir? Ich hätte große Lust und Appetit!"

„Worauf wartest du dann noch?"

So saßen sie wenig später auf 'ihrer' Bank unter der Weide, genossen das leichte Fächeln des Windes in den filigranen Zweigen, das leise Murmeln der Wellen und die zwar fetten, aber herrlich knusprigen Schälrippchen. Sie wischte ihm den Mund ab, er lutschte mit Hingabe das Fett von jedem ihrer Finger. Dabei flüsterte diesmal *er* das Gedicht, das eine Woche zuvor hier entstanden war. Sie hatte noch einige Zeilen dazugeschrieben und ihm das Ganze in einem Fax geschickt.

Das Literaturfest am Abend, bei dem außer Annia noch zwei andere Autorinnen lasen, war ein großer Erfolg und Claudius war stolz, zu erleben, wie seine 'Kleine' das Publikum gekonnt und charmant in ihren Bann zog.

Sehr spät brachte sie ihn dann gleich zum Gästehaus des Hirschen, wo er sich nachmittags wieder ein Zimmer genommen hatte. Sie war ihm dankbar, dass er betonte, sehr müde zu sein. Zuhause trank sie noch ein Glas Rotwein und rekapitulierte die schönen Stunden dieses ereignisreichen Tages. Sie empfand eine merkwürdige Leichtigkeit - „als würdest du mich tragen, Claudius!" dachte sie beim Einschlafen.

Der nächste Tag war sommerlich heiß. Als er nach dem Frühstück zu ihr kam und sie zu einem Spaziergang abholen wollte, sagte sie ihm, dass sie gesundheitliche Probleme wegen der Sonne habe. Er meinte, er gehe sowieso am liebsten im Wald spazieren - sie solle eben einen entsprechenden Weg aussuchen.

„Wir kürzen ab," sagte er später und stieg mit langen Schritten über die Wurzeln und niederen Gehölze an einer Böschung hinauf. Sie protestierte, verwies auf ihre viel kürzeren Beine und er zog sie lachend an seinem langen Arm nach oben.

„Wie groß - pardon, wie klein bist du denn eigentlich?"

„Wenn ich mit den Jahren nicht geschrumpft bin, so einen Meter 58."

„Dann bist du tatsächlich noch größer als die Annette!"

„Welche Annette?"

„Na hör mal, wohnst hier am Bodensee, wenige Kilometer von Meersburg entfernt und kennst die Annette von Droste-Hülshoff nicht?"

„Klar kenne ich sie - und ich war auch schon oft im Fürstenhäusle und auf dem Turm, wo sie dieses schöne Gedicht geschrieben hat..."

„Ich steh auf hohem Balkone am Turm,
umstrichen vom schreienden Stare,
und lass gleich einer Mänade den Sturm
mir wühlen im flatternden Haare -"

Sie schaute ihn verblüfft an.

„Du kannst das auswendig?"

„Ganz, wenn du willst!"

„Mir gefällt am besten die letzte Strophe, die endet mit: Wär ich ein Mann doch mindestens nur,/ so würde der Himmel mir raten./ Nun muss ich sitzen so fein und klar,/ gleich einem artigen Kinde,
und darf nur heimlich lösen mein Haar/ und lassen es flattern im Winde.

Ich finde, darin drückt sie wunderbar aus, welchen gesellschaftlichen Zwängen und Konventionen sie unterworfen war und wie gerne sie sie über Bord geworfen hätte."

„Kluges Kind," sagte er und küsste sie.

Sie streiften stundenlang durch ausgedehnte Waldgebiete auf dem Bodanrück, kamen durch seine Abkürzungen vom Weg ab, wunderten sich, dass der weiche Boden plötzlich badewannengroße Vertiefungen hatte und erlebten gleich darauf gefährlich-aufregende Minuten, als unvermittelt eine ganze Horde Wildschweine geräuschvoll durchs Unterholz brach. Er war wie festgewurzelt hinter einem dicken Baumstamm stehen geblieben, sie drückte sich verängstigt an ihn, dachte, die Tiere müssten das laute Pochen ihres Herzens hören. Er hatte schützend beide Arme um sie gelegt.

Als der Spuk vorbei war, blickte sie zu ihm auf.

„Mein Gott, bin ich froh, dass du bei mir bist!"

„Ich werde dich von nun an vor allem beschützen!" Er war sichtlich geschmeichelt von ihrem Vertrauen in seine Stärke und reckte sich noch ein bisschen höher. Auf dem Heimweg hielt er sie die ganze Zeit wie ein Kind an der Hand - und sie dachte dankbar, dass es schön sei, sich auch so zu fühlen...

Zu Hause holte sie einen Rahmkuchen aus dem Tiefkühlschrank, servierte ihn nach dem Backen noch warm zum Kaffee.

„Köstlich!" lobte er und aß drei Stücke davon.

Sie gingen sehr früh zum Abendessen und Annia sagte, das nächste Mal würde sie vorher einkaufen und ihm dann selbst etwas kochen.

„Sag bloß, kochen kannst du auch noch?"

„Was denkst du, was meine Familie fast 25 Jahre lang gegessen hat?"

Zuhause öffnet sie noch eine Flasche Rotwein, riecht genießerisch am Korken, sagt, das sei eine ihrer besten, holt zwei antike, geschliffene Gläser, gießt ein, versucht umständlich, einige Tüten mit verschiedenen Nüssen aufzureißen.

Zeit gewinnen - denkt sie - und: heute schaffe ich es nicht mehr, stark zu bleiben. Aber, will ich das denn überhaupt?

Als sie sich in einem bequemen Hauskleid neben ihn setzt, die Knie anzieht, einen tiefen Schluck von dem blutroten Wein trinkt, nimmt er ihr das Glas und die Entscheidung ab. Eine Woge von Zärtlichkeit überrollt sie. Sie denkt nichts mehr. Doch, sie denkt noch: stillhalten, genießen.

Und als er später mit dem, was ihm als Mann zur Verfügung steht, bis zur Spitze ihres Herzens - meint sie - vordringt, ist ein seltsamer Jubel in ihr und die Gewissheit: er ist doch keine Nummer zu groß für mich.

Nein, denkt sie - sie kann tatsächlich noch denken - nein, dieser Gedanke ist absolut nicht anstößig!

Irgendwann in der Nacht sammelt er, ohne Licht zu machen, seine Kleidungsstücke auf, zieht sich an, küsst sie zärtlich und geht in sein Hotel.

Am nächsten Morgen erwacht sie daran, dass jemand laut an die Nebeneingangstüre der Küche klopft.

„Na, du Langschläferin - wenn du dein Telefon nicht an hast, muss ich dich eben so wecken!"

Er umarmt sie, stellt fest, dass sie nichts unter dem Morgenrock anhat, scherzt:

„Das sag ich alles meiner Mutter, du loses Geschöpf!"

„Trinkst du noch einen Kaffee mit mir?"

„Später!"...

Ob sie denn auch einmal zu ihm kommen würde, fragte er beim Abflug.

„Wann du willst!"

Die Gelegenheit dazu bot sich früher als erwartet: ihr Mann, von dem sie seit Jahren getrennt lebt, war gerade von einem langen Auslandsaufenthalt zurückgekommen und war sofort bereit, den Hund, den er abgöttisch liebte, für zehn Tage zu sich zu nehmen.

„Seit acht Jahren fliege ich nun nach Mallorca - aber nie geschah es mit so vielen Erwartungen." dachte sie, als sie wenige Tage später im Flugzeug saß.

Sie erschrak vor ihrer eigenen Courage. Eigentlich wusste sie nichts über Claudius. Seit vielen Jahren kannte sie zwar sein Kunstzentrum, hatte dort im Kreis von Freunden interessante Nachmittage verbracht, an denen Claudius aber immer nur aus beruflichen Gründen teilgenommen hatte. Über sein Privatleben hatte er auch bei den Besuchen bei ihr noch nie gesprochen.

Was würde sie also dort erwarten?

Sicher würde sein Haus seiner eigenen Größe adäquat sein und sie sich vielleicht völlig verloren darin fühlen.

Er holte sie mit dem Galerie-Auto ab, einem zwar eleganten, aber riesigen Fahrzeug, in dem sie so klein wirkte, dass er lachen musste.

„Ach ja," flaxte er, „und in einem normal großen Bett waren wir ja auch noch nicht - ob ich dich da wohl wiederfinde? Ich werde wohl, bevor ich mich reinlege, die Marseillaise pfeifen, damit du gewarnt bist."

„Grade heute kann ich darüber gar nicht lachen!"

„Also brauchen wir einen professionelleren Spaßmacher als mich," sagte er und legte eine Kassette ein.

Als die Stimme des Kabarettisten H.D. Hüsch ertönte und ein wahres Feuerwerk an Pointen und Gags begann, war die Stimmung gerettet. Sie bogen sich beide vor Lachen, freuten sich, dass dieselben Dinge sie amüsierten.

Sein Haus war ein ganz normales Stadthaus, wenige Kilometer von Sineu entfernt. Das Entrée war - dachte sie - eher bürgerlich, das Wohnzimmer von erstaunlich bescheidenen Ausmaßen. In einem riesigen, schweren, altdeutschen Schrank, dessen Türen offen standen, sah sie Hunderte von Musik- und Videokassetten und eine aufwändige Stereoanlage eingebaut. Er trug ihren Koffer ins Gästezimmer, holte aus seinem Schrankzimmer einige Kleiderbügel und fragte, wann sie auspacken wolle. „Später!" sagte sie.

Ob sie Kaffee oder Tee wolle? Kaffee? Kommt sofort.

Bevor er in die Küche ging, zeigte er ihr noch das Badezimmer. Handtücher seien in den Schränken unter den Waschbecken.

Sie stellte fest, dass sie ziemliche Ränder unter den Augen hatte, klopfte ihr Gesicht mit kaltem Wasser ab, erneuerte dann ihr Make-up.

„Kaffee ist fertig!" rief er.

Gerührt nahm sie zur Kenntnis, dass er tags zuvor extra nach Valldemossa gefahren war, um die dortige Spezialität 'Cocas de patate' zu holen, da er wusste, dass sie diese sehr gerne aß.

„Nanntest du die Dinger nicht mal 'Chopin-Dampfnudeln'?"

Sie staunte, dass er sich das alles gemerkt hatte und fragte sich, wie lange er wohl schon etwas für sie empfunden hatte, ohne dass sie es bemerkt hatte. Dass ihr das immer wieder passierte - woran lag das wohl? Sie begegnete jedem Menschen mit derselben Offenheit, primär jedem gegenüber positiv eingestellt. Wenn sich dann Sympathie einstellte, machte sie daraus kein Hehl - das wurde wohl oft vor allem von Männern falsch verstanden...

„Gefällt's dir denn hier nicht?" riss Claudius sie aus ihren Gedanken.

„Oh doch, entschuldige, ich habe grade krampfhaft in meinen Erinnerungen nach dem Anfang einer gegenseitigen Sympathie zwischen uns gesucht. Weißt du, als du vor einigen Wochen zum ersten Mal zu mir kamst, erwartete ich dich als Galeristen, der auf dem Weg zu einer Ausstellung eine Bekannte besucht. Erst, als du am ersten Abend, nach wenigen gemeinsamen Stunden von Liebe gesprochen hast, wurde mir klar, dass du meinetwegen gekommen warst. Sagst du mir, seit wann du für mich mehr als freundschaftliche Sympathie empfindest?"

„Seit du in einem deiner Gedichte das 'Sesam, öffne dich' zur Türe meiner Seele gesprochen hast."

„Das hast du wunderschön, aber leider sehr unpräzise ausgedrückt. Welches Gedicht war das denn?"

„Bitte, lass das mein Geheimnis bleiben."

„Wann auch immer du das Zauberwort entdeckt hast - ich bin sehr froh darüber, es für den Richtigen in meinem Gedicht versteckt zu haben."

Sie lehnte ihren Kopf an seine Brust, sagte ihm, sie fühle sich bei ihm hier sehr wohl, gestand ihm, welche Bedenken sie gehabt hatte, und dass diese schon beim Betreten seines so gemütlich wirkenden Hauses zerstreut worden waren.

„Und diese Bilder an deinen Wänden würde ich ausnahmslos alle auch bei mir aufhängen!"

Nun lachte er wieder völlig unbekümmert.

„Ja, mein Kleines, wenn du da noch Platz hättest!"

„Oh, ich würde noch viel Platz finden - oder welchen schaffen, oder einfach anbauen!"

Er küsste ihren Nacken, fuhr mit den Lippen bis zu den Schulterblättern, schob sie dann aber plötzlich weg, stand auf und sagte, dass er unbedingt noch mal in die Station müsse, da Margarita dort heute alleine sei. Sie solle in Ruhe auspacken, ein Bad nehmen, sich umschauen - im unteren Geschoss sei nur Kunst - und spätestens um sechs sei er wieder da.

„Und heute Abend gehen wir schön Fisch essen - ist dir das recht?"

„Natürlich. Du weißt ja, wie gerne ich Fisch esse. Ich freue mich drauf, deine Stammlokale kennenzulernen. Ich freue mich auf alles, was ich als Teil deines Lebens kennen lerne."

„Mal sehen, wieviel von den vierzig Jahren auf der Insel wir in diesen paar Tagen schaffen!"

Sie packte ihren Koffer aus, schaute, ob in seinen Schränken noch Platz für ihre wenigen Kleidungsstücke wäre, stellte fest, dass sie überquollen von Hunderten von Hemden, Anzügen, Sakkos, Hosen.

Also hing sie ihre Sachen alle an einen einzigen Haken an der Rückseite der Tür des Gastzimmers.

Auch das Schlafzimmer fand sie anheimelnd klein. Über dem Haupt des breiten Doppelbetts befand sich ein wandfüllender Gobelin mit einer romantischen Szene im Stil des 18. Jahrhunderts. Auf beiden Nachttischen türmten sich Bücher. Viele Gedichtbände waren darunter. Einer davon war aufgeschlagen. Sie las einige Zeilen, war ganz gefangen: '...im Morgenlicht Rosen, im Mittagslicht Früchte, im Abendlicht Liebe, die sich entzündet - und Nacht für Nacht in Vergessen mündet. - O duftender Traum, von Erinnerung durchweht! In der Jugend wars Hoffnung. Der Wind hat gedreht. Doch zerweht er die Träume vom Leben nicht - sie leben ihr Leben im inneren Licht.' -

Unter Tränen schaute sie auf den Umschlag: Eva Strittmatter. Sie schämte sich förmlich, die Verfasserin dieser wundervollen Verse nicht zu kennen. Auf dem Vorsatzblatt stand eine persönliche Widmung der Autorin für Claudius.

Berührt und beeindruckt blätterte sie noch in anderen Büchern - sie würde viel zu lesen haben in diesen Tagen...

An einem schmalen Wandstück neben der Fenstertür zur Terrasse hing die Abbildung eines Schlosses: Schloss Hülshoff - las sie, darunter eine Portraitzeichnung Annettes von Droste-Hülshoff. Ob da vielleicht sogar irgend eine Verwandtschaft zu ihm bestand? Das würde diese für einen Mann auffallend starke Affinität zur Lyrik erklären...

Im Untergeschoss gab es eine riesige Halle, die fast die ganze Fläche einnahm. Hier hingen Bilder mit teils riesigen Dimensionen. Danach ein weiteres Gastzimmer mit angrenzendem Bad und ein Lagerraum, der mit unzähligen, senkrecht hintereinander gestellten Bildern unterschiedlicher Größen vollgestopft war. Man würde Stunden brauchen, sie alle anzuschauen!

Da das Haus auf zwei Stockwerken in L-Form gebaut ist, befindet sich vor dem Hanggeschoss eine große, wie ein Patio ummauerte Terrasse, mit umlaufenden Pflanzbeeten, in denen exotische Pflanzen und einige hohe, schlanke Zypressen wachsen.

„Hier fehlt nur noch das Plätschern eines Springbrunnens, dann wäre die Szenerie das perfekte Abbild meines Gedichts ʹArkadienʹ," dachte sie und: „hier könnte ich wunderbar arbeiten!"

Als sie endlich wieder ins Wohngeschoss zurückkam, noch vom vor allen Räumen umlaufenden Balkon in die Gärten der Nachbarschaft geblickt hatte, war es schon sehr spät. Sie duschte schnell, zog ein helles Leinenkleid an, zu dem ein leichter Mantel gehörte, da sie dachte, am Wasser würde es Mitte Juni auch hier abends noch kühl.

Claudius kam zurück, war bester Laune, sagte, sie bringe ihm Glück: sie hätten heute Nachmittag zwei Bilder verkauft.

„Und so elegant sieht mein Schätzchen aus! Und so gut duftet sie! Ich werde mir ein bisschen Appetit für später aufheben müssen!"

Sie fuhren nach Alcudia, er führte sie an der Hand durch die Gassen dieser Stadt, die sie bislang schrecklich fand - warum eigentlich?

In einem hübschen, sehr typischen Lokal mit vielen alten landwirtschaftlichen Geräten, sowie Töpfen und Pfannen in jeder Größe an den Wänden, hatte er einen Tisch bestellt. Den Inhaber kannte er vom Tennis und so wurde er wie ein alter Freund begrüßt. Er bestellte sechs verschiedene Tapas von Fisch und Meeresfrüchten. Alles schmeckte hervorragend und ihr enormer Appetit (nicht zu fassen, was in einer so kleinen Person Platz hat!) machte ihm Freude.

Der trockene Landwein, den sie ebenfalls ausgiebig genoss, sorgte dafür, dass sie hinterher wie auf Wolken mit ihm durch den Jachthafen ging - obwohl sie ihre hochhackigsten Schuhe trug (kann man auf so was denn überhaupt gehen?).

„Hast du etwa auch ein Schiff?" fragte sie, als er vor einer Jacht aus dunklem Edelholz stehen blieb.

„Nicht mehr. Aber ich würde mir sofort wieder eines kaufen, wenn ich dich damit erobern könnte."

„Hast du doch schon, du Pirat!"

Ob sie noch etwas in der Hafenbar trinken wolle?

„Lieber zu Hause," kam es erstaunlich leicht über ihre Lippen.

Am Wochenende zeigte er ihr Gegenden auf der Insel, von deren Existenz sie nicht gewusst hatte und wo sie sich alleine auch gar nicht hingetraut hätte. Kilometerweit auf schmalen, steinigen Pfaden an der Nord-Ostküste der Insel entlang begegnete ihnen kein Mensch.

Buchten mit smaragdgrünem Wasser, alte, zerfallene und total von Pflanzen überwucherte Gehöfte, Felseninseln mit bizarren Formen, auf denen Kormorane ihr Gefieder putzten - all das faszinierte sie und sie staunte, wie gut es ihr ging - keines ihrer üblichen, gesundheitlichen Probleme beeinträchtigte ihr Wohlbefinden.

„Du wirst sehen, nach einem halben Jahr mit mir brauchst du keine Medikamente mehr," stellte er - nicht ohne Stolz - fest.

Einmal standen sie vor einem wuchtigen, alten Wachturm, der in ihr regelrechte Abenteuerlust weckte. In seinem Innern gab es nur eine aus morsch aussehenden Ästen zusammengebundene Leiter.

„Steig da bloß nicht rauf!" warnte er sie.

Sie tat es doch, rief ihm von oben übermütig zu, wenn sie sich was breche, müsse er sie halt die paar Kilometer zurück tragen, was so einem Riesen wie ihm wohl nicht schwer fallen dürfte.

Aber die improvisierte Leiter überstand sowohl ihren Auf- wie auch den Abstieg unbeschadet und sie ließ sich aus etwa zwei Metern Höhe vertrauensvoll in seine Arme fallen.

Sie dachte dabei, dass sie sich seit Tagen schon wie eine Feder fühlte, und zum ersten Mal wurde ihr etwas bange ob der Intensität ihres Glücksgefühls. Noch nie hatte sie Glück mit zuviel Glück auf einmal: Dutzende von vierblättrigen Kleeblättern hatte sie in ihren allerschlimmsten Zeiten gefunden...

Mehrmals fuhr sie mit ihm in die Station, nahm dann seinen Wagen, mit dessen Dimensionen sie sich erstaunlich rasch angefreundet hatte, und besuchte Freunde auf der Insel. Staunen allenthalben, dass sie um diese Jahreszeit auf der Insel sei. Mallorca habe sie doch immer als ihre 'Winterliebe' bezeichnet!

Nach zehn Tagen konnten sie beide es nicht fassen, dass die Zeit um war und in der letzten Nacht schliefen beide kaum. Sogar das tägliche Ritual, sich gegenseitig zärtlich den Rücken zu massieren, half ihnen nicht über den Trennungsschmerz hinweg.

Er versprach, trotz der beginnenden Hauptsaison mit vielen Besuchern möglichst bald wieder zu ihr zu kommen.

Als sie im Flughafen gerade die Kontrolle passiert hatte, fünf Minuten nachdem sie sich verabschiedet hatten, klingelte ihr Telefon.

„Ich vermisse dich jetzt schon!"

Zuhause stürzte sie sich in Arbeit, absolvierte mehrere Leseabende, ging zu allen Veranstaltungen ihres Schriftstellerclubs.

Bei einem seiner täglichen Telefonate erwähnte er, er müsste eigentlich zur Documenta nach Kassel.

„Könntest du dorthin kommen? Anschließend würden wir in die Heide fahren."

„Wie lange wirst du denn Zeit haben?"

„Leider nur vier Tage. Länger kann ich hier nicht weg. Meine zweite Mitarbeiterin bekommt bald ihr Baby und arbeitet nicht mehr."

Sie bemühte sich, nicht enttäuscht zu sein. Sie hätte für diese kurze Zeit die Belastung einer langen Fahrt - für ihn machte es keinen großen Unterschied, wohin er in Deutschland flog. Aber eventuell könnte sie ja, wenn er abgeflogen sein würde, zur Nordsee weiterfahren...

Irgendwie schien er gespürt zu haben, dass sie von der Documenta-Idee nicht sehr begeistert war.

„Kennst du den Schwarzwald?" fragte er am nächsten Tag.

„Teilweise ganz gut, ich habe dort mit meiner Familie schon mal zwei Jahre gewohnt - im Nordschwarzwald allerdings."

„Dann fahren wir halt in den Südschwarzwald!"

„Nach der Documenta?"

„Aber nein, du dummes Kleines - die verschiebe ich. Im Schwarzwald ist's für dich im Sommer sicher auch besser!"

Wieder einen Tag später teilte er ihr fröhlich mit, er habe für Mittwoch den ersten, frühen Flug bekommen und am Sonntag müsse er erst nach 19 Uhr zurückfliegen. Fast fünf Tage!

Sie entdeckte einen ganz neuen Egoismus an sich: diese Tage wollte sie genießen, ohne für irgend etwas Verantwortung zu haben - also brachte sie den Hund wieder zu ihrem Mann, wo sie ihn gut versorgt wusste.

Als Claudius ankam, ging es ihr gerade sehr schlecht. Am Vorabend hatte sie bei einer größeren Veranstaltung ihres Clubs wohl etwas gegessen, was ihr nicht bekommen war.

Er dachte, sie sei betrübt wegen des regnerischen Wetters.

„Du wirst sehen, wenn wir ankommen, wird's schön - wir hatten doch bisher immer Glück mit dem Wetter."

„Wo fahren wir denn eigentlich hin?"

„Überraschung. Fahr erst mal auf die Autobahn, ich werde dir den Weg dann schon zeigen!"

Er dirigierte sie nach Freudenstadt, dann nach Tonbach, wo er in einem sehr guten Hotel ein Zimmer bestellt hatte. Eigentlich war es mehr eine Suite mit Dachterrasse und im Stil ziemlich grotesk überdekoriert. Unzählige exakt gefältelte, altrosafarbene Stoffrüschen zogen sich am Himmelbett und den Vorhangschienen entlang, setzten sich in Bad und Ankleide an allen möglichen und unmöglichen Stellen fort.

„Wenn's Wetter nicht besser wird, können wir ja hier bleiben und Rüschen zählen. Da sind wir dann auch stundenlang beschäftigt," schlug sie kichernd vor.

„Ich könnte mir einen sinnvolleren Zeitvertreib vorstellen," meinte er und zog sie aufs Himmelbett.

Und später dann:

„So, Liebes, zieh dich an - wir sind nicht nur zum Vergnügen da!"

Sie kannte und liebte seine schnoddrige Ausdrucksweise inzwischen. So drückte er aus, dass er nun Bewegung im Freien brauche, sich mit seinen Gedanken in die Natur flüchten und Atem holen will.

Schon beim ersten Spaziergang stellte sie fest, dass er sich im Tonbachtal offensichtlich sehr gut auskannte und auf ihre Frage räumte er auch ein, schon oft hier gewesen zu sein.

Sie fragte jedoch nicht weiter, folgte seinen weit ausgreifenden Schritten mit Mühe. Der weiche Waldboden dampfte, da es erst vor kurzem geregnet hatte und eine Mischung aus Modergeruch und Tannennadelduft lag in der Luft. Sie wäre gerne manchmal stehen geblieben, um die eigenartige Stimmung auf einer Lichtung zu genießen, oder nach Kunstwerken der Natur wie beispielsweise Spinnennetzen mit Perlenketten aus winzigen Tröpfchen zu schauen.

Er jedoch stürmte weiter, bog in einen immer schmaler werdenden, steilen Pfad ein, wandte sich dann um und sah, dass sie sein Tempo kaum mithalten konnte. Zärtlich küsste er ihr einige Tröpfchen von der

Kormorane

Carrer de la Creu
»Kreuzweg«

Restaurant »Gracias à la vida«
= Dank an das Leben
(Menorca)

Stirn, nannte sie „meine arme kleine Waldfee" und wies sie an, vorauszugehen, dann könne sie selbst das Tempo bestimmen.

Sie spürte seine Blicke förmlich ihren Rücken wärmen, dachte daran, dass er vor einer Stunde noch festgestellt hatte:

„Dein Rücken ist mein Garten Eden!"

Kokett begann sie die Hüften zu schwingen.

„Lass das! Wenn man über eine so natürliche, angeborene Grazie und Harmonie der Bewegungen verfügt, wie du, sollte man das als Gnade empfinden!"

Das war typisch Claudius - er versteckte die nettesten Komplimente in einer Rüge...

Bald darauf begann es zu nieseln und Annias dünne Bluse und ihre leichten Sommerjeans waren schnell durchnässt. Außerdem wurde der Pfad immer unwegsamer und von links und rechts hereinragende Zweige schnellten spritzend zurück, wenn sie durchgingen.

Erleichtert entdeckte sie plötzlich eine Jagdhütte, die einen überdachten Vorplatz mit Bank hatte, auf die sie sich erschöpft fallen ließ.

Er setzte sich neben sie, drückte sie an sich.

„Aber, du zitterst ja! Frierst du denn?"

Sofort zog er seine Jacke aus, hängte sie ihr fürsorglich um, küsste ihr Regentröpfchen von der Nase, fuhr mit den Lippen ihre Brauenbogen nach. Sie genoss seine Zärtlichkeiten atemlos, bekam vor Glück einen Druck auf die Brust, dachte, dass sie am liebsten bis in alle Ewigkeit hier sitzen bleiben würde, um irgendwann wegen Unterkühlung hinüberzudämmern. Das sei ein angenehmer Tod, hatte sie mal gelesen - ein allmähliches Erlöschen ohne Schmerzen...

Über die Tragikomik dieser Gedanken musste sie dann doch lachen.

Er hob fragend ihr Gesicht empor.

„Du hast also gerade auch gedacht, dass zusammen erfrieren ein schöner Tod wäre, nicht wahr?"

„Ja, aber ich hab mich dann doch fürs Weiterleben entschieden," strahlte sie. „Ich hab mich etwas erholt, der Regen hat aufgehört - gehen wir zurück?"

Er kannte selbstverständlich eine Abkürzung, die jedoch steil bergab ging und teilweise gefährlich rutschig war. Sie bemühte sich, ihn nicht merken zu lassen, dass sie nun schreckliche Schmerzen in ihrer Hüfte hatte.

Im Hotel angekommen, ist sie am Ende ihrer Beherrschung, sinkt in einen der üppigen Sessel, fängt bei einem Anfall von Schüttelfrost hemmungslos an zu weinen. Er ist völlig perplex.

„Was ist denn, Kleines? Was fehlt dir denn? Mein Gott, du hast ja richtig Schüttelfrost! Wir werden dir ein heißes Bad einlassen und bald geht's dir wieder besser!"

Sie zieht sich langsam aus. Alles ist klamm, alles tut ihr weh.

Er nimmt sie wie ein Kind auf seine Arme, trägt sie ins Bad, lässt sie in die Wanne gleiten. Sie versinkt in einem Berg von Schaum, da er viel zuviel von ihrem Lavendelbad hineingegossen hat. Liebevoll wäscht er ihr den Rücken, schiebt ihr dann ein zusammengerolltes Handtuch in den Nacken, sagt ihr, sie solle sich entspannen.

Unter halbgeschlossenen Lidern sieht sie zu, wie auch er nun seine ebenfalls durchnässten Sachen auszieht, betrachtet diesen anscheinend völlig alterslosen, männlich-durchtrainierten, braungebrannten Körper.

Ich weiß noch nicht mal, wie alt er ist - denkt sie. Aus Andeutungen wie 'im Krieg wurde ich mit vielen anderen Kindern aufs Land verschickt' hatte sie geschlossen, dass er wohl Anfang sechzig sein müsste, also wohl nur wenige Jahre älter war als sie selbst. Auf Mallorca hatte sie zugesehen, wie er gegen einen 35-Jährigen Tennis gespielt und diesen gnadenlos von einer Ecke in die andere gejagt hatte...

Angesichts soviel kraftstrotzender Gesundheit fühlt sie sich immer 'hinfälliger' - ja, genau dieses unmodern gewordene Wort, findet sie, beschreibt am besten ihren desolaten Zustand...

„Ach, mein Großer," jammert sie. „Ich bin nicht die Frau, die du brauchst! Was du brauchst, ist eine sportliche, kerngesunde Vierzigjährige, die dir noch Herausforderungen bieten kann!"

Er zieht sich einen der weißen Hotelbademäntel an, der ihm kaum bis zu den Knien reicht, gibt ihr die Hand, zieht sie hoch, fängt an, sie vorsichtig abzutrocknen und sagt bestimmt:

„Ich liebe nun aber mal dieses zerbrechliche, kleine Ding - basta!"

Dann lässt er sie in den anderen Bademantel, in dem sie fast versinkt, schlüpfen, trägt sie zurück in den Sessel.

Aber ihr Jammer ist unvermindert - eher noch verstärkt durch seine Fürsorglichkeit.

„Morgen werde ich keinen Schritt gehen können," lamentiert sie weiter. „Ich habe ein krankes Herz, einen angeborenen Hüftgelenkschaden, -zig Operationen hinter mir. Meine Nerven sind durch den mehr als dramatischen Verlauf meines Familienlebens kaputt, meine Haut verträgt keine Sonne und wie du siehst, neige ich außerdem zur Hysterie! So, nun merkst hoffentlich auch du, was mit mir auf dich zukommen würde!"

Er setzt sich auf die breite Sessellehne, streicht ihr zart über die feuchten Haare.

„Nun wollen wir das ein für alle Mal klären, mein Herz: ich liebe dich so, wie du bist - für mich ist sowieso dein Innenleben entscheidend, deine geistige Brillanz bietet mir Herausforderungen genug. Du scheinst auch einen völlig falschen Eindruck von mir zu haben. Ich bin nämlich ein durchaus fürsorglicher, verlässlicher Typ und du wirst schon noch sehen, wie ich dich gesund pflege!"

Danach wechselt er völlig unvermittelt das Thema, fragt sie, ob er für sie Tee oder Kaffee bestellen soll und sie bittet, da sie es nun auch noch in ihrem Magen verdächtig rumoren spürt, kleinlaut um Kamillentee.

Er bestellt beim Zimmerservice also einmal Kaffee, einmal Kamillentee, fragt, welchen Kuchen es gebe. Aha - Käse, Rhabarber, Himbeer- und Johannis-beerkuchen. Fragend schaut er sie an, sie schüttelt bedauernd den Kopf.

„Einen Rhabarberkuchen und etwas Zwieback!" bestellt er.

Nach der ersten Tasse Tee muss sie fluchtartig das Badezimmer aufsuchen, stellt fest, dass sie nun auch noch eine starke Diarrhöe hat, kommt erschöpft zu ihm zurück und unkt, jetzt wäre sie wirklich für gar nichts mehr zu gebrauchen.

„Da bin ich aber anderer Ansicht!" sagt er frivol.

Zwei Stunden später ging es ihr besser, die Tabletten gegen ihre Gelenkschmerzen hatten gewirkt und sie konnte immerhin schon wieder scherzen, sie ginge jetzt ins Bad, um zu sehen, ob sie dieses Wrack so hinkriege, dass er es mit zum Abendessen nehmen könne.

Als sie nach offensichtlich erfolgreichen Bemühungen vor ihm stand, sagte er anerkennend, er komme sich vor, als sei er mit seiner jungen Sekretärin unterwegs - und die Blicke der übrigen Gäste kommentierte er mit so trockenen Sprüchen wie:

„Ja, ich staune ja selbst, dass ich meine kleine Sekretärin rumgekriegt habe!" worauf man sich ziemlich betreten abwandte.

Lachend stellte sie, ebenfalls für etliche fremde Ohren hörbar, fest, dass es schön sei, dass Senor Droste endlich seine Prüderie überwunden habe. Nach den ersten beiden gemeinsamen Wochenenden seien sie nämlich immer noch per 'Sie' gewesen.

Obwohl sie sich bei all dem Spaß, den sie an dem unschlüssig-kopfschüttelnden 'Publikum' hatten, viel besser fühlte, bestellte sie nur eine klare Bouillon und danach etwas Kartoffelpüree mit gedünstetem Gemüse - sie habe sich den Magen verdorben.

Er kam zufrieden mit einem gutgefüllten Teller vom Büfett zurück und sagte, zufrieden grinsend:

„Die Bedienung ist ein kluges Mädchen. Sie hat gesagt: Ihrer Frau geht es anscheinend nicht gut. Siehst du, die ist die einzige, die sofort gesehen hat, dass ich dein Mann bin!"

„Maria aber verschloss all diese Worte in ihrem Herzen - steht schon in der Bibel."

„Nun iss auch schön dein Süppchen, Maria!" überspielte er seine Rührung.

Später kam die freundliche Chefin an ihren Tisch, fragte, ob sie der gnädigen Frau die Hausapotheke zur Verfügung stellen dürfe.

Annia ging mit ihr, fand in dem gut bestückten Medikamentenschrank ein ihr bekanntes, schnell wirkendes Magen- und Darmmittel und nahm es sofort ein.

Am nächsten Morgen lag Sonne über dem Tonbachtal, die Wiesen und der Wald waren von feuchtweißen Schwaden überzogen und der gestrige Tag erschien Annia wie ein Spuk.

Beim Frühstück war sie noch vorsichtig, nahm mit dem Kamillentee noch einmal Medikamente 'gegen alle meine Leiden', zog sich dann feste Schuhe an, band sich einen Pulli um die Hüften und sagte:
„Nun komm schon, wir sind schließlich nicht nur zum Vergnügen da!"
Belustigt und besorgt zugleich sah er sie an, freute sich, dass es ihr wieder so gut ging.

Trotzdem suchte er einen Wanderweg aus, der absolut keine Anforderungen stellte: ein Panoramaweg, der sich auf gleicher Höhe am Waldrand entlang über die ganze Südseite des Talhangs hinzog. Alle zwei- bis dreihundert Meter gab es außerdem eine Bank und sie setzten sich auf jede, nachdem er sie gewissenhaft mit einem Papiertaschentuch abgetrocknet hatte. Bei jeder überraschte er sie mit neuen Variationen seiner Zärtlichkeit, sodass sie oft das Gefühl hatte, vor Glück zu zerspringen. Als sie einmal - zwischen zwei Bänkchen - ins Tal blickte, sah sie, wie mehrere Rabenkrähen mit lautem, aggressivem Gekrächze einen Tierkadaver, bei dem sie nicht erkennen konnte, was es war, zerhackten. Und wieder fühlte sie Angst in sich aufsteigen, dass soviel Intensität nicht von Dauer sein könnte...

Die restlichen Tage verbrachten sie in einverständlicher Freude am friedlichen Grün der Wälder und Wiesen. An den Abenden ging er mit ihr in ihm bekannte Lokale, wo sie beim Beobachten anderer Gäste und deren Eigenheiten viel Spaß hatten. Einmal besuchten sie - als Kontrastprogramm zu ihrer beider Klassik-Vorliebe - einen 'Brauchtums-Abend' mit Volkstanz und Blasmusik und amüsierten sich köstlich.

Am Tag seiner Abreise war alle Leichtigkeit verflogen. Er hatte viele Dinge eingekauft, die er schon immer aus Deutschland mit auf die Insel genommen hatte und konnte nicht alles in seiner Reisetasche unterbringen. Er suchte hektisch eine seiner Brillen, sein Zigarren-Etui, sein Flugticket, eine Telefonnummer eines Künstlers, den er vergessen hatte, anzurufen. Völlig kopflos zog er Schubladen auf, warf Sofakissen zu Boden.

Sie war eigentlich genauso genervt, behielt jedoch krampfhaft die Ruhe, half ihm suchen, entdeckte auch alles an durchaus angestammten Plätzen, rieb ihm, als sie endlich im Auto saßen, beruhigend über den total verspannten Rücken. Er schaute ostentativ durchs rechte Wagenfenster, sie ließ schließlich den Motor an und fuhr schweigend los.

Nach einigen Minuten fragte er:
„Haste mal ein Taschentuch?"

Sie reichte ihm eines, er schnäuzte sich umständlich, sagte verlegen:
„Komisch - Heuschnupfen hatte ich doch noch nie!"
Es zerriss ihr fast das Herz, diesen großen, starken Mann so leiden zu sehen.
„Kannst du denn bald mal wieder zu mir kommen?" fragte er beim Abflug heiser.
„Ich werde mich bemühen, das verspreche ich dir!"

Bei manchen Telefonaten in den folgenden zwei Wochen wirkte er nervös, erzählte Dinge doppelt oder registrierte ihre Antworten nicht, fragte ärgerlich ein zweites Mal.
„Was ist mit dir? Irgend etwas stimmt doch nicht mit dir!"
„Ich habe ein großes Problem," gab er schließlich zu, wollte ihr jedoch nicht sagen, welches.
„Komm her, dann wirst du's sehen!"

Sie besorgt sich einen Last-Minute-Flug, bringt wieder den Hund unter, ist zwei Tage später bei ihm. Er fährt vom Flughafen nicht sofort nach Hause, sondern zum Kunstzentrum.

Entsetzt sieht sie das schöne, klassizistische Gebäude förmlich umzingelt von riesigen Baggern, Raupen und anderen schweren Baumaschinen. Das Gestänge eines hohen Baukrans verdeckt die bunte, über dem Eingang und der ganzen Straße schwebende Skulptur. Tiefe Gräben sind aufgerissen, Schotterberge überall, zwei der sicher über hundert Jahre alten Bäume, die neben dem Bahnhof Schatten spendeten, liegen gefällt am Boden. Staubwolken, Lärm erfüllen die Luft.

Er zieht sie zu der Tür zu seinem wunderschönen, mediterran-exotischen Garten, in dem sie so oft in fröhlicher Runde gesessen hatten, öffnet sie, stößt sie fast hinaus.

„Nein!" schreit sie auf, „sag, dass das nicht wahr ist!"

„Es ist aber leider wahr. Sie sind dabei, mir alles kaputt zu machen."

Zuhause trägt er ihren Koffer ins Gastzimmer, sagt knapp, sie wisse ja Bescheid, geht in die Küche, kocht Kaffee, bringt ein Tablett ins Wohnzimmer, lässt sich aufs Sofa fallen.

„Guck dich bloß nicht um - meine Putzfrau lässt mich seit zwei Wochen auch im Stich!"

Sie streicht ihm über die Schläfen, sagt, dass das doch bedeutungslos sei, gemessen an all dem anderen Chaos. Aus einer mitgebrachten Tüte nimmt sie eine Keksdose.

„Hier! Nimm! Deine geliebten Vanilleplätzchen!"

Stattdessen zieht er sie zu sich, drückt ihren Kopf an seine Brust, atmet heftig.

„In mir ist nur noch Wut, ohnmächtige Wut, verstehst du das? Ich habe mit allen zuständigen Direktoren, Politikern und der Presse verhandelt - aber die haben alle ein Brett vor dem Kopf!"

Und dann bricht sein ganzer Schmerz aus ihm heraus - ihren Kopf fest an seine Brust gedrückt, redet er sich alles von der Seele.

Der Bahnhof, von dem sie bislang angenommen hatte, dass er ihm gehöre, war noch immer Eigentum der Bahngesellschaft. Als er sich vor 18 Jahren für das ruinöse Gebäude interessierte, sagte man ihm, er brauche es nicht zu kaufen - Züge würden hier ganz sicher nie wieder verkehren. Er übe-nahm die Kosten für die äußerst aufwändige Sanierung und authentische Restaurierung und sollte dafür nur eine sehr geringe Miete bezahlen. Und bald hatte die Stadt Sineu ein Kunstzentrum, das Tausende von Menschen anzog, von dem Hotels, Restaurants, Geschäfte, und sogar der traditionelle Mittwochsmarkt profitierten - die Stadt Sineu kostete die Attraktion keine Peseta...

Die renommiertesten Künstler der Balearen, des spanischen Festlandes und naher europäischer Länder schätzten sich glücklich, wenn sie in diesen mit soviel Stil und Feingefühl gestalteten Räumen ausstellen konnten.

Claudius legte den Skulpturengarten auf dem ehemaligen Bahnsteig-Gelände an, pflanzte Hunderte von Stauden und Bäumchen, machte aus dem vorher nackten, nur von Unkraut und Dornen überwucherten Platz eine mediterrane Terrasse mit Sitzgruppen, auf denen die Besucher nach dem Rundgang durch die Galeriegeschosse sitzen und kostbare Augenblicke der Entspannung in unserer stressigen Zeit genießen konnten.

Nun hatten Politiker, quasi als letzte Legitimation ihres sozialen Anspruchs, in völliger Ignoranz der wirtschaftlichen Sinnlosigkeit dieses Unterfangens, beschlossen, vor Ablauf ihrer Regierungsperiode noch schnell die Bahnlinie Palma-Manacor zu reaktivieren. Als Claudius erstmals von diesen Plänen erfuhr, wurde ihm beruhigend versichert, es würde ein modernes, neues Bahnhofsgebäude in einiger Entfernung gebaut und auch die Gleisanlage ginge keinesfalls durch das alte Gelände. Er würde daher von den in Scharen aus den Zügen steigenden Menschenmengen nur profitieren...

Aber alles hatte sich - auf Grund 'technischer Notwendigkeiten', wie man ihm lapidar erklärte, geändert: seine Eingangshalle, bisher der schönste Ausstellungsraum, würde wieder normale Bahnhofshalle, die Gleise verliefen auf der alten Trasse...

„Mit jedem Baum, den sie fällen, jedem blühenden Busch, den sie ausreißen, jedem Terrakotta-Kübel, der beim rücksichtslosen Wegräumen zu Bruch geht, stirbt etwas in mir. Verstehst du das?"

„Ja", sagte sie hilflos.

Er machte den Fernsehapparat an, fand einen Sportkanal, in dem gerade ein Tennismatch lief und blieb dabei. Abwesend griff er nach seiner Tasse, schien völlig vergessen zu haben, dass sie da war.

Sie stand auf und ging auspacken.

„Verzeih," sagte er, als sie zurückkam, „ich hab noch nie soviel ferngesehen wie zur Zeit. Ich muss mich einfach ablenken."

„Natürlich. Ich mache dir ja auch gar keinen Vorwurf. Sag mir doch einfach, wie ich dir helfen kann!"

„Du kannst mir nicht helfen. Und diese Verantwortung für unsere über achtzig Künstler - die nimmt mir auch niemand ab!" stöhnte er.

Sie massierte ihm besonders intensiv den Rücken, spürte, wie er dabei etwas ruhiger wurde.

„Siehst du, ein bisschen kann ich dir doch helfen!"

Er fasste nach hinten, zog ihre Hand zu seinem Mund und küsste innig ihre Fingerspitzen.

„Ja, mein Kleines, so hilfst du mir am besten."

Zum Glück war das Wochenende nahe. Auf ausgedehnten Wanderungen würde er vielleicht abschalten können, hoffte sie. Aber er war auch hier völlig verändert, seine Züge verhärteten sich, sobald er sich unbeobachtet glaubte. Er rannte voraus, bemerkte es erst nach mehreren hundert Metern und reagierte sein schlechtes Gewissen ihr gegenüber mit Unfreundlichkeit ab.

Abends und nachts jedoch war er noch zärtlicher, noch mehr auf Nähe bedacht und sie durchwachte manche Nacht schweißüberströmt in seinen Armen, eng an seinen von der Hitze aufgeladenen Körper gedrückt.

Sie blieb neun Tage, reiste an einem Werktag ab.

Zwischen Vor- und Nachmittags-Öffnungzeit der Galerie brachte er sie zum Flughafen, war schrecklich nervös und gestresst von dem unerträglichen Baulärm und Dreck, den er hatte ertragen müssen, schimpfte über ihr schweres Gepäck (für das er selbst gesorgt hatte, da sie unbedingt mehrere Melonen mitnehmen musste, die er ihr beim Bauern geholt hatte). Ungeduldig herrschte er die Angestellten beim Einchecken an, sagte auf der Rolltreppe zur Abflughalle, dass sie Glück habe, von hier 'abhauen' zu können.

Bestürzt blickte sie ihn an.

„Denkst du etwa, ich sei froh darüber? Ich werde mir in der Ferne noch viel mehr Sorgen um dich machen!"

„Wieso das denn? Du bist doch gar nicht involviert in diese Misere!"

„Sei nicht ungerecht!"

Sie küsste ihn zum Abschied so heftig, dass er sie erstaunt anblickte, mit einem Ausdruck im Gesicht, als würde er sie zum ersten Mal seit ihrer Ankunft überhaupt wahrnehmen.

„Bis bald. Es tut mir alles so leid."

Die Telefonate der nächsten Tage enthielten nur Horrormeldungen vom Baustellenchaos. Aus ihrem Faxgerät hing einmal die Fotokopie eines provokanten Zeitungsberichts über das, was man dem Kunstzentrum antat. Der Artikel erregte zwar viel Aufsehen, brachte viele Neugierige zur Station - die eigentlich darin angesprochenen Verantwortlichen jedoch hüllten sich in Schweigen.

Zwei Wochen später wollte er wenigstens übers Wochenende kommen. Sie sollte Zimmer in 'ihrem' Hotel im Tonbachtal bestellen. Mittwochs rief er jedoch an, war total entmutigt und erschöpft. Das Baby seiner Mitarbeiterin, für die er fast väterliche Gefühle hegte, sei morgens gestorben. Sie müsse verstehen, dass er nicht weg könne.

Sie versicherte ihm, dass sie natürlich Verständnis habe, an ihn denke und mit ihm fühle.

So vergingen fast vier Wochen, bis sie sich wiedersahen.

Seine Bregenzer Freunde hatten Karten für ein Gastkonzert der Wiener Philharmoniker besorgt. Annia hoffte, dass die Tage im Vorarlberger Frühherbst ihn auf andere Gedanken bringen würden. und tatsächlich war er hier manchmal fast der Alte, sie lachten viel, schon zum Frühstück erzählte sie ihm täglich eine witzige Episode, die sie zu diesem Zweck seit einiger Zeit aus Illustrierten ausgeschnitten und gesammelt hatte. Das Konzert begeisterte sie beide und die Wanderungen in den sich schon färbenden Wäldern schienen ihn wirklich zu entspannen.

„Es war schön, dass dieses Mal wieder 'mein alter Claudius' da war," sagte sie vor seinem Abflug.

„Ja, aber es hat mich viel Kraft gekostet!"

Hatte er sich denn tatsächlich nur ihr zuliebe zusammengenommen und die Rolle des Entspannten nur gespielt?

Drei Wochen später - es war inzwischen Anfang Oktober - schien er keine Kraft mehr zu haben, die Rolle zu spielen. Noch stiller, verhärteter, verschlossener war er geworden, auch ihr gegenüber.

Man hatte ihm den Entwurf eines neuen Pachtvertrags präsentiert. Für nur die Hälfte der ihm vorher zur Verfügung stehenden Fläche wollte man nun das Vierfache an Pacht. Seine enormen Investitionen von vor fünfzehn Jahren interessierten niemanden mehr.

Ende Oktober sollte er unterschreiben.

„Diese utopischen Forderungen werde ich keinesfalls akzeptieren. Ich werde die Station bis zum Jahresende auflösen. Meine Künstler werde ich bitten, ihre Werke abzuholen und die mir gehörenden Bilder werden in Container verpackt. Ein befreundeter Spediteur wird sie abholen und in Deutschland vorläufig für mich lagern."

Sie sagte erleichtert, dass sie das für eine sehr gute Entscheidung halte und dass diese Lösung sicher für seine Gesundheit und Zufriedenheit das Beste sei.

„Ha, Zufriedenheit! Das wird es für mich nie mehr geben! Wie könnte ich jemals vergessen, was mir angetan wurde und noch immer wird!"

„Lass mich dir dabei helfen!"

Dankbar sah er sie an, lächelte sogar.

„Ach, mein Kleines, bald werde ich vielleicht mehr Zeit haben als dir lieb ist!"

Als sie Ende Oktober einige Tage zu ihm kam, hatte er den Vertrag doch unterschrieben, mit der Option monatlicher Kündigung.

„Ich musste Zeit gewinnen. So schnell kann ich das hier nicht auflösen. Bis Januar muss ich auch keine Miete bezahlen - wegen der Beeinträchtigungen durch die Bauarbeiten."

Vor der hohen Glastüre der Bahnhofshalle, dort wo früher ein grünes Paradies war, türmte sich inzwischen ein Bahnsteig in Beton, ansteigend bis zu eineinhalb Metern Höhe...

Warum tut er sich das an? fragte sie sich, wenn er vormittags und nachmittags zur Station fuhr - denn es kamen kaum noch Besucher und noch weniger Kunden.

Eines Tages fuhr er - was völlig ungewöhnlich war - nicht in die Einsamkeit, um spazieren zu gehen, sondern in ein Hügelgebiet zwischen Petra und Alcudia, wo er ihr mehrere alte und neue Fincas zeigte. Neben einer - von Deutschen sehr behutsam restaurierten - Windmühle entdeckten sie eine Ruine, die auf beide sofort einen eigenartigen Zauber ausübte.

„Ich wollte eigentlich nie wieder Bauärger haben," sagte sie, „aber diese Ruine könnte mich wirklich noch mal reizen!"

Sie stieg auf eine der bröckelnden Mauern, stellte fest, dass man bis zur Bucht von Alcudia sehen konnte und dort, auf der anderen Seite - war das in der Ferne nicht 'unser' Kirchturm?

„Ja, lachte er, „nur mein Haus kannst du leider nicht sehen."

Sie zwängte sich durchs Gestrüpp ins Innere, entwickelte begeisterte Ideen, was man hier alles installieren könnte.

„Wenn dir die Ruine so gefällt, kann ich sie dir ja zum Geburtstag schenken! Wann hast du noch mal? War das nicht im August? Ja, das könnte reichen!"

Ungläubig schaute sie ihn an: „Ist das dein Ernst?"

„Warum nicht?"

Auch am Tag vor ihrer Abreise zog es sie noch einmal zur Ruine.

„Weißt du denn schon, wo du das Schlafzimmer, die Küche, das Wohnzimmer ausbaust?"

„Klar. Das Schlafzimmer kommt nach oben, damit man beim Einschlafen und Aufwachen als erstes das Meer sehen kann. Und das Bad muss gleich daneben - auch aus der Wanne will ich diese Aussicht haben!"

Selten hatte sie ihn in den letzten Wochen so herzlich lachen gehört.

„Vergiss nicht, einen Backofen einzuplanen! Mindestens einmal pro Woche musst du mir nämlich einen Kuchen backen, das ist meine Bedingung!"

„Akzeptiert!"

In einer stillen Bucht saßen sie danach lange auf der Kaimauer einer längst verlassenen Hafenanlage, sahen die Sonne blutrot im Meer versinken. An ihn gelehnt dachte sie dankbar, dass er endlich wieder einmal ganz entspannt zu sein schien.

„Ja, Liebes, wir werden da schon irgendwie herausfinden," sagte er leise, als hätte er ihre Gedanken erraten.

In der ersten Novemberwoche hatte sie eine lange geplante, sehr besondere Veranstaltung: mit einem Künstler, dessen Bilder ihr sehr gefielen, hatte sie ein Ausstellungskonzept aus Malerei- und Lyrikpräsentation erarbeitet. Unter dem Titel „Worte fanden ihre Bilder" waren seinen Ölgemälden, Pastellen und Collagen Gedichte zugeordnet worden, die sie beide ganz spontan als aussagegleich empfunden hatten.

Claudius wollte unbedingt kommen, bekam am Tag der Vernissage tatsächlich einen sehr frühen Flug, wollte ihr keinesfalls zumuten, ihn abzuholen, wollte sich ein Taxi nehmen.

Die Ausstellung war ein großer Erfolg, viele Besucher, die im Galerieraum des altehrwürdigen Fachwerkhauses keinen Platz mehr fanden, standen frierend vor den geöffneten Fenstern, um wenigstens so die Einführung und ihre Lesung zu hören.

Claudius traf, völlig aufgelöst, erst ein, als der offizielle Teil beendet war, die Gäste schon in kleinen Grüppchen diskutierend die angebotenen Getränke genossen.

Sein Flugzeug habe mehr als eine Stunde Verspätung gehabt, und der Taxifahrer habe die Galerie nicht finden können, da Annia ja versäumt habe, ihm, Claudius, eine genaue Adresse anzugeben.

Sie war sich sicher, das getan zu haben, sagte jedoch nichts dazu, meinte stattdessen, sie freue sich, dass er überhaupt gekommen sei und all das wegen zweier Tage auf sich genommen habe.

Nein, mit der ganzen Gesellschaft essen gehen, wolle er auf keinen Fall.

Also entschuldigte sie sich, vertröstete ihre Bekannten auf eine andere Gelegenheit.

Sie fuhr mit ihm an den Albrand, parkte unterhalb der Burg „Teck" und hetzte ihn - als kleine Rache - so schnell den steilen Aufstieg hinauf, dass er zum ersten Mal ihres Tempos wegen außer Atem kam.
„Du schaffst es tatsächlich immer wieder, mich zu erstaunen!"
„Zur Belohnung bekommst du in der gemütlichen Burggaststätte jetzt einen heißen Kaffee und die Kuchen der Chefin sind berühmt!"
„Sehr angenehm!"

Der nächste Tag war ein Glücksfall für November: bei strahlendem Sonnenschein und fast zwölf Grad Wärme um die Mittagszeit gingen sie durch die Weinberge um den Rotenberg, der ja auch 'Württemberg' heißt. Sie zeigte ihm das 'Schwäbische Tadj Mahal', wie sie das als Rotonde auf die Bergspitze gebaute Grabmahl einer von ihrem Gemahl abgöttisch geliebten Herzogin nannte.
Danach erklärte sie ihm die verschiedenen Rebsorten, die auf den Hängen wuchsen und er amüsierte sich, wenn er auf Schildchen die für ihn offensichtlich lustigen Namen 'Trollinger' oder 'Lemberger' las.
„Und was soll das? Hier steht 'Eiswein'!"
„Das bedeutet, dass in diesem Teil des Weinbergs die Trauben am Stock bleiben, bis der erste, starke Frost kommt. Geerntet wird dann manchmal sogar, bevor es hell wird, denn die Trauben müssen gefroren in die Kelter kommen - so bekommt man einen sehr konzentrierten Wein, mit vielen der begehrten 'Öchslegrade'."
Er fand die Geschichte völlig unglaubhaft, nannte sie kichernd seine kleine 'Madame Münchhausen', lachte noch lange Zeit immer wieder und murmelte dabei 'Eiswein' - als ob's so was gäbe!
Sie wurde schließlich richtig wütend.
„Ignorant!" schrie sie und stampfte mit dem Fuß auf, warf die Tüte mit der für ihre Spaziergänge üblichen Obstration auf den Boden.
Das amüsierte ihn noch mehr.
„Sieh da, mein Kätzchen zeigt endlich seine Krallen," spottete er, hob die Tüte auf, entnahm ihr einen Apfel und machte lockend „Bsbsbsbs!"
Sie drehte sich um, rannte weg.

Er holte sie natürlich schnell ein, hielt sie fest, küsste sie, dass ihr die Luft wegblieb und sagte drohend:

„Lauf mir nie wieder weg!"

„Du siehst mich doch am liebsten von hinten!" murrte sie.

Strafend gab er ihr einen Klaps auf den Po.

„Weißt du eigentlich, wie reizend du aussiehst, wenn du wütend bist? Ist ja wirklich schade, dass ich nachher schon fliege - ich würde dich zu gerne noch ein wenig ärgern!"

Er nahm sie an der Hand, sie beruhigte sich schnell und dachte dann, dass dieses Geplänkel eigentlich einen sehr positiven Nebeneffekt gehabt hatte - er war tatsächlich völlig von seinen düsteren Gedanken abgelenkt worden.

Am Flughafen sprach sie aus, was sie seit einiger Zeit bewegte:

„Ich muss mir in den nächsten Tagen das Zimmer für meinen traditionellen Januar auf Mallorca bestellen."

„Spinnst du?"

„Würdest du mich denn auch mit dem Hund aufnehmen?"

„Klar. Sie ist ja relativ wohlerzogen!"

„Aber..."

„Kein Aber. Wir finden schon eine Lösung."

Sie hatten schon einmal darüber gesprochen, dass es an seinem Haus keinen Platz für dringende Hundebedürfnisse gab - war doch der ganze Rest des Grundstücks zwischen den beiden Gebäudeflügeln gefliest und auf der Eingangsseite grenzte es direkt an den betonierten Gehweg.

Sie freute sich, dass er offensichtlich guten Willens war...

In der folgenden Woche gab er ihr die nächste Hiobsbotschaft von der Grossbaustelle durch: er müsse die Eingangshalle, sein Büro, das Archiv, kurz: das gesamte Erdgeschoss binnen vier Wochen räumen. Sicher müssten er und Margarita auch an den Wochenenden einige Stunden arbeiten. Er könne deshalb in der nächsten Zeit nicht kommen.

„Dann komme ich eben zu dir!"

Anfang Dezember flog sie, bedauerte allerdings schon kurz nach ihrer Ankunft, hergekommen zu sein. Er war völlig entnervt, kopflos, rastete bei kleinsten Anlässen aus. Sie ertrug es nachsichtig, kochte ihm typisch süddeutsche Gerichte, für die sie die Zutaten mitgebracht hatte, sorgte dafür, dass er wenigstens an den Abenden zu Hause etwas zur Ruhe kam, massierte ihm ausgiebig den Rücken.

Manchmal registrierte er das auch dankbar, war dann doppelt zärtlich zu ihr. An einem Wochenende überraschte er sie mit Flugtickets zur Nachbarinsel Menorca, die sie bislang nicht kannte. Staunend erlebte sie diese landschaftlich ganz andersartige Insel, streifte mit ihm durch die Gassen von Mahon und das französisch anmutende, alte Städtchen Ciutadella. Sie besuchten zwei seiner Künstler in ihren Ateliers und sie war von beiden begeistert.

Annia blieb fast zwei Wochen.

„Kannst du denn nicht bis Weihnachten bleiben?" bat er.

„Leider nein. Ich hatte gehofft, mit dir am Bodensee feiern zu können. Außerdem ist meine Mutter schwer krank, meine Kinder wollen wie gewohnt mit mir Heilig Abend verbringen. Eigentlich wollte ich sie dir bei dieser Gelegenheit vorstellen."

„Darauf kann ich verzichten!" sagte er heftig. „Wenn ich es Weihnachten schaffen sollte, aus diesem Affenstall herauszukommen, will ich niemanden sehen - außer dir vielleicht."

Nun war sie doch verletzt und es tat ihm leid.

Sie erinnerte ihn daran, dass er im September gesagt hatte, bis Ende des Jahres sei alles ausgestanden und der Spediteur hätte dann längst alle Bilder abgeholt - und dass er doch keinesfalls die utopische Miete bezahlen wollte, was er ab Januar dann jedoch müsse.

„Du verstehst einfach nicht, was für eine Verantwortung auf mir lastet. Einige meiner Künstler können ohne mich gar nicht existieren!"

Insgeheim fragte sie sich, ob er sich da nicht für allzu unersetzlich hielt. Sie hatte in ihrem Leben schon oft feststellen müssen, dass die Menschen sich sehr leicht und schnell Neuem, Anderem zuwandten, wenn das Gewohnte aus ihrem Blickfeld verschwunden war.

Am Tag vor ihrem Abflug sollte sie vormittags mit ihm in die Station kommen, um sich ihr Weihnachtsgeschenk auszusuchen.

In einem der Lagerräume im zweiten Obergeschoss, in dem unzählige Bilder an den Wänden oder in Regalen standen, zog er wahllos kleine und große heraus, ließ sie einen kurzen Blick darauf werfen, schob sie ungeduldig wieder zurück, wenn sie den Kopf schüttelte.

Plötzlich sagte sie „halt, das ist es!" Mit einem Blick hatte sie darauf, trotz der Abstraktion, einen ihrer Lieblingsplätze erkannt: die 'Cala de la Contesa' im Südwesten, mit der felsigen Insel, auf dem die Reste eines alten Wehrturms standen.

„Bist du sicher, dass du das haben willst? Ich kann dir doch noch viele andere zeigen. Vielleicht gefällt dir ja dann eines noch viel besser!"

„Nein, ich möchte nicht mehr sehen, ich bin mir sicher, dass das hier das Richtige ist. Du würdest mir wirklich eine sehr große Freude damit machen!"„Na gut - aber du darfst es morgen noch nicht mitnehmen. Du bekommst es erst zu Weihnachten!"

Er würde also doch versuchen, zu kommen, dachte sie glücklich.

Am Abend, vor dem Einschlafen, nahm er einen der Lyrikbände von Eva Strittmatter von seinem Nachttisch und las ihr das auf der ersten Seite mit dem Titel 'Widmung' abgedruckte Gedicht vor - mehrmals blieb ihm dabei die Stimme weg und die Gläser seiner Brille beschlugen sich:

„Ich würde gerne etwas sagen, was *dir* gerecht wird und genügt.

Du hast mich, wie ich bin, ertragen und *mir*, was fehlte, zugefügt.

Es ist nicht leicht, mit mir zu leben, und oft war ich dir ungerecht.

Und nie hab ich mich ganz ergeben - du hattest auf ein Ganzes Recht.

Doch ich hab viel für mich behalten, und dich ließ ich mit dir allein.

Und du halfst mir, mich zu gestalten und: gegen dich *mir* treu zu sein."

Weinend sagte sie ihm, wie sehr sie ihn für das liebe, was er ihr damit sagen wollte und dass ihr diese Worte sehr viel Kraft gäben...

Als sie nach Hause zurückkommt, beginnt sie ihr Haus weihnachtlich zu schmücken. Lichter, Lichter überall, um seine dunklen Stimmungen aufzuhellen.

Ja, er komme, teilt er ihr wenig später mit - allerdings erst am Nachmittag des Weihnachtstages. Besonders nach dieser schwierigen Zeit müsse er vorher wie gewohnt mit 'seinen Mädchen' feiern...

Am Heiligen Abend fährt sie zuerst zu ihrer Mutter, ist erschreckt, wie schlecht es ihr geht, hinterlässt die Telefonnummer ihres Sohnes, bei dem sie den Abend und die Nacht verbringen wird.

Am Weihnachtsmorgen wird sie informiert, dass ihre Mutter in der Nacht gestorben ist.

„Halt mich fest," bittet sie Claudius, als sie ihn am Flughafen abholt.

„Was ist geschehen, mein Kleines?"

„Meine Mutter ist heute Nacht gestorben."

„Armes Kind! Jetzt hast du nur noch mich - und das ist zur Zeit auch nicht viel wert!"

„Sag so was nicht. Ich weiß doch, was du durchmachst. Aber, nicht wahr: la vida es mas facil con alguien à tu lado!"

(Das Leben ist viel leichter, wenn du jemanden an deiner Seite hast).

„Ja, schön, dass du solche Fortschritte machst."

Der Hund, der ihn ja nun schon lange nicht mehr gesehen hat, erkennt ihn sofort, freut sich wie toll und er ist darüber sehr gerührt.

Wie lange er bleiben könne?

„Leider nur bis zum 30. Die Insel ist voller Freunde und Kunden - und alle wollen mit mir über das Geschehen in und um die Station reden. Und an Silvester kommen zehn bis zwölf meiner Künstler, um zu erfahren, wie's weitergeht."

„Was hältst du davon, wenn dann eben ich Anfang Januar zu dir komme? Du hast ja auch Geburtstag!"

„Anfang Januar? Unmöglich, vor Mitte des Monats habe ich bestimmt keine Zeit für dich," und er zählt stattdessen auf, welche Arbeiten er mit Margarita noch zu bewältigen hat.

Sie wagt nicht, ihm zu sagen, dass sie drei Tage zuvor einen Flug für den frühen Morgen seines Geburtstages gebucht hat.

Sie hat schrecklich viel eingekauft, verwöhnt ihn mit allen Finessen ihrer Küche, genießt seine kindliche Freude an ihren Geschenken.

Bei herrlichstem Winterwetter gehen sie spazieren, fahren einen Tag nach Bregenz, besuchen dort seinen Freund, der ein engagierter Kunstsammler ist und ein beeindruckendes Museum für seine Objekte gebaut hat. Sie futtern mit großem Appetit eine Riesenportion Kaiserschmarrn, lachen Tränen über die verrückten Tänze, die der Hund auf Eisflächen und im Tiefschnee aufführt.

„Es war mein schönstes Weihnachten seit fast zwanzig Jahren," sagt er beim Abflug. „Ich danke dir so sehr - bitte behalte mich lieb!"

„Natürlich, mein Großer - in Gedanken bin ich immer bei dir!"

An Silvester wurde ihre Mutter begraben und danach fuhr Annia zu Freunden nach Konstanz, wartete vergeblich auf seinen Anruf.

„Bestimmt sind die Leitungen überlastet," versuchte ihre Freundin sie zu trösten," an Silvester telefoniert doch jeder!"

Am nächsten Morgen rief sie voller Sorge selbst bei ihm an, wünschte ihm und 'uns beiden' ein gutes, Neues Jahr.

Ja, das könnte er allerdings gebrauchen, meinte er sarkastisch. Erzählte dann, dass er am Morgen in die Station gekommen war und feststellen hatte müssen, dass die Bauarbeiter ohne irgend eine Vorwarnung sämtliche Fenster ausgebaut hatten, um sie zum Lackieren zu bringen.

Und das zu einer Zeit, wo die Temperaturen auch auf Mallorca manchmal nachts bis auf drei bis fünf Grad sinken. Scharen von Kunden gingen frierend schnell durch die wegen der geschlossenen Fensterläden noch kälter wirkenden Räume - es sei einfach unzumutbar, in dieser Atmosphäre Kunst zu kaufen. Einen halben Tag habe er damit verbracht, mehrere Elektrogeschäfte wegen Heizlüftern abzuklappern.

„Lieber Gott," dachte sie, „was mutest du ihm und uns noch alles zu?"

Kurz entschlossen fragte sie in dem kleinen Hotel über der Cala Fornells an, ob man wohl noch ein Zimmer für sie habe ab der nächsten Woche. Und - oh Wunder - man hatte eines!

Sie hoffte, Claudius würde verstehen, dass sie das nur tat, um nicht mit dem Hund noch mehr Unruhe in sein Haus zu bringen.

Sie sagte es ihm erst am Abend vor ihrem Abflug.

Als er sie abholte, freute er sich dann doch. Chou-chou begriff sofort, wo ihr Platz im Auto war, saß zufrieden zu ihren Füßen.

„Kluges Tier!" lobte er.

Bei minus fünf Grad war sie in Stuttgart abgeflogen - hier hatte es um zehn Uhr morgens immerhin schon etwa zehn Grad plus.

Auf dem Weg zum Hotel fuhr er, da er wusste, dass sie das in den Vorjahren immer als Erstes genossen hatte, den Paseo Marittimo in Palma entlang - sie spürte, wie eine wunderbare Leichtigkeit sie ergriff und als sie in einem kleinen Café direkt am Hafen frühstückten, sagte sie ihm, dass sie sich inzwischen auf dieser Insel wie zuhause fühle. Es war Sonntag, der Montag würde ein Feiertag sein -

„deshalb bist du als Geburtstagsgeschenk diese beiden Tage mein Gast!"

„Ein schöneres Geschenk hättest du mir nicht machen können!" sagte er, küsste sie - was er schon längst nicht mehr anstößig fand - in aller Öffentlichkeit sehr innig.

Die Hotelanlage, das Zimmer mit dem riesigen, geschmiedeten Himmelbett, das Restaurant, die herrliche Aussicht aufs Meer - all das begeisterte ihn genauso wie Annia seit Jahren.

Obwohl er schon vierzig Jahre auf Mallorca lebte, kannte er diesen Teil der Insel recht wenig - eigentlich nur vom Durchfahren, wenn er Bilder in die mondänen Villen in Porto Andratx und anderen Orten im Südwesten gebracht hatte.

Annia machte es Freude, nun auch ihm einmal schöne Wege, pittoreske Winkel, einsame, bukolische Täler zeigen zu können.

Sie hatte zum ersten Mal keinen Mietwagen bestellt, und so schlug Claudius vor, ihr nur einen für zwei, drei Tage in der Wochenmitte zu nehmen, damit sie auch, wenn er arbeiten musste, einige Stunden zu ihm kommen könnte.

Als sie bei einem dieser Besuche die Station wiedersah, war sie entsetzt und verstand, warum es ihm so schlecht ging.

Allerdings verstand sie immer weniger, warum er nicht, wie er es doch fest vorgehabt hatte, die Konsequenzen zog.

184

War es Entschlussunfähigkeit, Selbstüberschätzung oder gar Verbohrtheit?

Auf ihren Wanderungen begann er von den im Frühling bevorstehenden Wahlen zu reden, von verschiedenen Politikern des anderen Lagers, die er gut kenne. Wenn die ans Ruder kämen, würde alles anders - zwar nicht mehr so, wie vorher, aber eben doch erträglicher.

Sie teilte ihm ihre Befürchtung mit, dass Wahlversprechen wohl auf der ganzen Welt keine verlässlichen Aussagen seien, warnte ihn vor erneuten, menschlichen Enttäuschungen und wirtschaftlichen Verlusten.

Nein, nein - soviel Menschenkenntnis habe er schließlich, um zu sehen, dass seine Favoriten anständige, normale Menschen mit Ehrgefühl seien. Er werde sich daher dafür einsetzen, dass sie gewinnen.

Trotz der enervierenden Situation in der Station war er nun etwas positiver gestimmt. An den Wochenenden, die er mit ihr im Hotel verbrachte, genoss er es sehr, dass sie dort von allen geliebt und bewundert wurde. Im Restaurant saß er stolz zwischen Annia und der inzwischen ebenfalls eingetroffenen Nathalie und scherzte, er fühle sich zwischen ihnen beiden wie Oberon, der König der Elfen...

Da man gewohnt war, dass sie für die Gäste einen Leseabend veranstaltete, setzte sie diese Tradition fort, indem sie eine neue, sehr spannende Geschichte vorlas.

Am Tag danach schwärmte er immer noch von ihren geschliffenen Formulierungen, ihrer so eindrucksvoll bildhaften Sprache, dem Charme ihres Vortrags, überhaupt ihrer geistigen Brillianz...

„Du trägst aber ziemlich dick auf, mein Großer. Aber du hast schon recht - du könntest mit mir den Himmel auf Erden haben, wenn du nur wolltest!" sagte sie trocken.

„Das weiß ich. Und du kannst sicher sein, dass ich mir das nicht entgehen lasse!" erwiderte er sehr ernst.

Nach dem dritten Wochenende, das er bei ihr verbracht hatte, schlug er vor, die letzte Woche bei ihm zu verbringen.

„Mit dem Hund?"

„Ich habe dir schon gesagt, dass wir eine Lösung finden werden!"
Dankbar registrierte sie, dass er sich daran erinnerte.

Es gab dann auch überhaupt keine Probleme: Chou-chou kannte sich nach mehreren Kurzbesuchen schon in seinem Haus bestens aus, wusste, wo Futter, Wasser und ihr Körbchen standen. Abends durfte sie sogar mit aufs Sofa und war dann zufrieden und mucksmäuschenstill. Morgens ging es, bis er Kaffee gemacht hatte, mit Frauchen alleine bis zur nächsten Grünfläche - abends, wenn es dunkel war, begleitete er sie, um seine beiden Mädchen zu beschützen.

„Familie Droste kommt nach Hause," sagte er einmal.

Glücklich und sicher, dass sie doch noch einen 'Modus vivendi' finden würden, flog sie zurück und er überraschte sie bei der Abreise mit dem Versprechen, schon in der darauffolgenden Woche zu ihr zu kommen. Er müsse seinem Bregenzer Freund einige Bilder bringen, die dieser vor Weihnachten bei ihm gekauft hatte und käme daher diesmal nach Friedrichshafen.

Als sie ihn dort abholte, fragte, ob er noch etwas essen gehen wolle, sagte er: „Lass uns gleich nach Hause fahren."

Zum ersten Mal hatte er so von ihrem Haus gesprochen...

Am nächsten Morgen, als er wartete, bis sie für den Spaziergang fertig wäre, fand sie ihn im Erdgeschoss des am Hang liegenden Hauses, wo bislang nur ein Zimmer für Gäste renoviert war.

„Meinst du, wir könnten in dem größeren Raum vorne ein Arbeitszimmer einrichten? Ich habe mir überlegt, dass ich, wenn ich die Station auflöse, meine Bilder übers Internet verkaufe."

Sie sagte ihm, dass sie die Idee vielversprechend finde, dachte jedoch im Stillen daran, wie viele Pläne er schon entwickelt hatte, die aber nie realisiert worden waren.

Herrlichstes Winterwetter sorgte für harmonische, ausgefüllte Tage und er schlug vor, demnächst wieder einmal in 'unser' Hotel im Tonbachtal zu fahren. Dort sei es jetzt mit diesem herrlichen Schnee bestimmt traumhaft schön.

Über den Stand der Dinge in der Station sprach er kaum, antwortete nur einsilbig auf Fragen.

Nein, die Fenster seien noch nicht wieder drin. Nein, es kämen grade kaum Besucher. Für Margarita habe er dicke Winterpullis gekauft und sie sitze mit Handschuhen im neuen Büroraum. Ja, er wisse, was er an diesem Mädchen habe, die all das und zudem auch noch ihn aushalte...

Er kommt tatsächlich schon eine Woche später wieder - sie will ihn für sich alleine haben, bringt den Hund zu ihrem Sohn.

Vier Tage lang sind sie bei völlig ungetrübtem Winterwetter auf langen, gut geräumten Wanderwegen alleine, weil alle anderen Gäste Ski laufen. Sie sind fast so glücklich wie zehn Monate vorher - einziger Wermutstropfen für Annia ist, dass ihr Bänkchenweg unter meterhohem Schnee begraben ist...

„Bis sehr bald!" ruft er noch einmal fröhlich strahlend, als er durch die Kontrolle zum Flugsteig geht, wirft ihr mit den Händen noch viele Küsse zu...

Warum nur füllen sich ihre Augen mit Tränen, als er verschwindet? Sie hat plötzlich das Gefühl, dass dies das letzte Mal war, dass sie ihn so unbekümmert gesehen hat.

Aber drei Stunden später ruft er an, sagt, dass er schon zu Hause sei und nun gleich diese köstlichen Würstchen verspeisen werde, die sie ihm da heimlich in seine Tasche gesteckt habe.

Also verscheucht sie ihre trüben Ahnungen und Gedanken.

„Hast du in der Station vorbeigeschaut?" fragt sie noch.

„Nein, wozu auch, dieses Chaos sehe ich noch früh genug!"

Er weckt sie wie gewohnt am nächsten Morgen, sagt, er gehe heute früher in die Station, da er sich mittags zum Tennis verabredet habe. Abends müsse er noch ein Bild ausliefern, werde sie also sicher erst nach neun wieder anrufen können.

„Bis nachher!" sagt er gut gelaunt.

Auch das weiß sie inzwischen: 'hasta pronto' hat er im spanischen Sinn in seinen Sprachgebrauch übernommen. Es kann wirklich heißen 'bis gleich' - aber auch ohne weiteres 'bis morgen' oder 'bis irgendwann' ausdrücken.

Es kommt kein Anruf mehr an diesem Tag.

Sie versucht es spät abends bei ihm - ohne Erfolg.

Der nächste Morgen ist der erste, seit sie zusammen sind, an dem er sie nicht weckt. Sie macht sich nun wirklich Sorgen. Hat er sich beim Tennisspielen übernommen? Oder ein Verkehrsunfall beim Ausliefern am Abend? Bei ihm zuhause läuft der Anrufbeantworter.

Sie weiß, dass die Station um zehn Uhr öffnet, ruft um diese Zeit an, erreicht Margarita, die ihr atemlos sagt, 'un desastre' sei passiert, alles sei kaputt. Die Bilder, die Räume, alles voller Wasser und Dreck!

Und Claudius? Der sei schon sehr früh nach Palma zu seinem Anwalt gefahren.

Zwei Stunden später meldet er sich endlich bei ihr, sagt mit brüchiger Stimme:

„Ja, jetzt haben sie es geschafft. Sie haben wirklich mein Lebenswerk zerstört. Ich bin am Ende, hörst du, am Ende!"

Er legt auf, ohne eine Antwort abzuwarten, lässt sie in entsetzlicher Ungewissheit zurück. Sie kämpft mit sich, ob sie nochmals mit Margarita telefonieren soll - fürchtet aber, dass weder ihr Spanisch noch das Deutsch der Mallorquinerin ausreichen würde, die sicher schwerwiegenden Dinge zu erklären.

Claudius ruft erst am nächsten Morgen an, hat - wie sie auch - eine schlaflose Nacht hinter sich.

Sie erfährt endlich, was geschehen ist:

Die Bauarbeiter haben am vergangenen Freitag, als die Galerie schon geschlossen war (er war ja bei ihr) mit Sandstrahlgeräten die gesamte Fassade gereinigt und abgeschliffen. Da die Fenster immer noch nicht wieder eingesetzt sind (nach fast drei Monaten!), die Klappläden aber nur unzureichend schließen, spritzten große Mengen von Wasser und Sand in die Ausstellungsräume, in das provisorische Büro, das Archiv und in die beiden Bilderlager. Übers Wochenende hatte alles so richtig Zeit, die Zerstörungsarbeit fortzusetzen. Der Schaden gehe mit Sicherheit in die Millionen...

„Soll ich zu dir kommen?" fragt sie.

„Nein - ich habe absolut keinen Nerv mehr. Ich weiß nicht, wo und was ich anfangen soll. Es ist einfach das Ende."

In den folgenden zwei Wochen kommen Gutachter. Zuerst die von Claudius' Anwalt bestellten, dann die von der Baufirma, dann die von der Eisenbahngesellschaft. Er, Margarita und seine treue Galerie-Putzfrau schleppen jedes mal alle beschädigten und total zerstörten Bilder ans Tageslicht. Jede der Kommissionen fotografiert, dokumentiert. Es wird viel diskutiert.
Claudius leidet, seine Anrufe werden immer kürzer.
„Ich kann ja eigentlich immer nur dasselbe sagen, immer nur im Kreis denken! Man könnte glatt den Verstand verlieren."
„Sag zur Abwechslung mal wieder, dass du mich vermisst!"
„Natürlich vermisse ich dich."
Ende März hält auch er es nicht mehr aus, kommt schon mittwochs geflogen. Zwei volle Tage braucht er, um zu sich zu kommen, reagiert fast aggressiv auf Berührungen. Das Einzige, was ihm noch hilft, ist 'Rückenreiben', was Annia daher bei jeder Gelegenheit tut.
Nachts klammert er sich an sie und sie verbringt schlaflose Nächte, weil sie nicht wagt, sich aus seinen Armen zu lösen.
Verzweiflung ergreift auch sie.
„Meine Miròs!" stöhnt er einmal, „es waren Papierarbeiten - alle unwiederbringlich verloren. Weißt du, was das für mich bedeutet?"
Und jetzt müssten mehr als fünfzig Künstler angeschrieben werden, von denen Bilder beschädigt oder zerstört worden waren. Er brauche von allen eine Prozess-Vertretungsvollmacht.
„Kannst du dir vorstellen, wieviel Zeit das in Anspruch nehmen wird? Jedem einzelnen muss ja erklärt werden, um welche seiner Bilder es geht."
„Ach, Claudius," sagt sie einmal unüberlegt. „Hättest du doch nur vor Monaten schon die Konsequenzen gezogen, wie du es eigentlich vorhattest, dann wäre dir - und uns das alles erspart geblieben."
Er wird böse, sagt, sie könne sich überhaupt nicht in ihn hin-

einversetzen, er müsse eben alleine mit all dem Chaos fertig werden. Der Abschied ist diesmal stumm und herzzerreißend.

Bei seinen Anrufen erzählt er von nun an Belanglosigkeiten. Wie immer seien vor Ostern viele Freunde auf der Insel, er sei oft eingeladen, habe sonst kaum freie Zeit.
Immerhin reicht es noch zu einem Wochenend-Besuch.
Sie holt ihn ab, als Zwischenstation fahren sie ins Tonbachtal, stellen fest, dass die Erinnerungen sehr schmerzen, bemühen sich, dem 'Bänkchenweg' gerecht zu werden, was nicht gelingt.
„Merkst du denn nicht, dass ich genauso leide wie du?"
„Wieso denn, du bist doch gar nicht involviert!"
Nachts wird sie von Weinkrämpfen geschüttelt, aber seine Hand, die ihr den Rücken reibt, wirkt nicht überzeugend...
„Und ich hatte doch gedacht, dass ich dir gut tun würde," sagt er völlig mutlos beim Frühstück. „Ich hätte dich überhaupt nicht mit da hineinziehen dürfen!"
„Das ist doch unlogisch, Claudius. Du kannst doch nichts dafür, dass wir vom Schicksal so gebeutelt werden."
„Schicksal, so ein Quatsch - nun brauchst du nur noch von Vorbestimmung zu reden!"
„An letztere hast auch du am Anfang unserer Beziehung geglaubt!"

Nach Ostern werden seine Anrufe seltener. Er habe viel zu tun, müsse nun außerdem noch zu Wahlveranstaltungen der Partei, die er unterstütze, im übrigen gehe es ihm nicht besonders gut, wenn sie sich doch vielleicht erinnern könne, habe man ihm bekanntlich sein Lebenswerk zerstört. Aggression schwingt drohend durch die kurzen Telefonate. Nein, er komme vorläufig sicher nicht dazu, zu verreisen. Nein, er könne sie hier keinesfalls jetzt gebrauchen.
„Es reicht schon, dass Margarita all meine Aggressivität aushalten muss!"
Ende Mai jedoch, an einem Sonntag Abend, ist er völlig verändert, sagt als erstes „Wir haben gewonnen!" und erzählt dann, die von ihm

favorisierten und unterstützten 'netten Kerls' würden demnächst ins Rathaus einziehen, er werde die Bahnhofshalle zurück- und sogar noch einen zusätzlichen Ausstellungsraum in einem gemeindeeigenen Gebäude gegenüber bekommen.

„Bist du denn nächstes Wochenende zu Hause?"

Er kommt, ist voller Euphorie, die sie nicht teilt. Sie hatte zuviel Zeit, nachzudenken. Im Januar, während der glücklichen Tage in seinem Haus, hatte sie zufällig seinen Wahlschein gesehen, darauf sein Geburtsdatum entdeckt, endlich sein wirkliches Alter erfahren.

Natürlich sah man ihm das nicht an - und natürlich änderte das auch nichts an ihren Gefühlen. Warum aber denkt er, unbegrenzt Zeit zu haben? Vermessen findet sie das. Er sollte anfangen, Prioritäten via Lebensqualität zu setzen, anstatt sich immer neuen Belastungen auszusetzen.

Auch auf der Reichenau kommt die friedliche Harmonie zwischen ihnen nicht mehr zustande.

Quo vadis, Claudius?

Am Morgen des dritten Tages vergisst sie, ihre Medikamente zu nehmen, merkt es erst, als sie den steilen Anstieg zum Höhenweg über dem Dorf hinaufgehen. Er lässt sie alleine zurückgehen, sagt, er wolle solange fotografieren.

Bitter denkt sie, dass nicht viel von seiner Fürsorglichkeit übrig geblieben ist. Auf einer Bank wartet er auf sie, sie setzt sich schweigend neben ihn.

Sie sagt ihm, dass nun eigentlich sie am Ende ist, keine Perspektiven für ihre Beziehung mehr sieht, da er sich, anstatt mehr Zeit für Gemeinsames zu haben, immer noch mehr auflädt, was ihn bindet und verpflichtet.

„Du musst eben noch etwas Geduld haben! Mitte des Monats (Juni) bekomme ich wieder alle Schlüssel für meine alten Räume und den neuen Ausstellungsraum. Man wird mir bei der Schadenbehebung im Gebäude helfen und wenn dann die Versicherungen bezahlt haben, kann ich mich dann endlich zurücklehnen. Versteh doch, ich muss das zu einem anständigen Ende bringen, ich kann nicht anders!"

„Mein Gott, Claudius, das wird doch Jahre dauern! Solche Schadenersatz-Prozesse gehen ewig!"

„Das glaube ich nicht - es ist doch alles klar und von mehreren Gutachtern festgestellt!"

„Ich leide entsetzlich unter dieser Ungewissheit. Jeden Monat werden andere Hoffnungen geweckt, die allesamt nicht realisiert werden. Ich habe bei meinem Gesundheitszustand nicht mehr soviel Zeit, wie du offensichtlich von dir denkst, sie zu haben."

„Sei nicht hysterisch."

„Weißt du noch, dass du einmal zu mir sagtest: was du brauchst, ist Frieden, Ruhe, Harmonie - ich werde sie dir bringen!?"

„Ja, und das werde ich auch. Und du wirst sehen, wenn alles ausgestanden ist, wirst du an meiner Seite hundert!"

„Nein, mein Großer, wenn diese Situation noch länger anhält, bin ich in einem Jahr tot!"

„Willst du allen Ernstes behaupten, dass es dich so sehr belastet?"

Schluchzendes Nicken...

„Ach, du armes Kind - dann liebst du mich ja mehr, als ich dachte! Was hätte aus uns werden können, wenn nicht das, was du Schicksal nennst, uns so übel mitgespielt hätte! Aber es ist alles mein Fehler, ich bin vor allem schuld daran!"

„Sei still. Ich mache dir keinen Vorwurf und ich sehe auch ein, dass du im jetzigen Stadium gar nicht mehr zurück kannst. Aber ich kenne auch meine eigenen, sehr dünnen Kraftreserven, meine mangelnde Belastbarkeit. Ich muss zur Ruhe kommen, vielleicht mein nächstes Buch schreiben. Wir sollten beide versuchen, wenigstens Teile unseres Selbst und Seins aus dieser Misere zu retten. Und, wer weiß, vielleicht reicht meine Kraft ja noch, zu warten, ob du das für dich schaffst."

Den Rest des Tages verbringen sie in schweigender Höflichkeit. Am Sonntag muss er schon um 13 Uhr fliegen, es reicht keinen Spaziergang mehr.

„Alles Gute, mein Großer. Ich werde trotzdem täglich an dich denken und versuchen, dir mental etwas positive Energie zu schicken!"

„Ich hätte nicht gedacht, dass ich mal was an so einem Hokuspokus finde!" sagt er, wendet sich ab und schnäuzt sich heftig.

An diesem Tag dreht er sich nicht mehr um, als er die Kontrolle am Flugsteig passiert hat...

Annia, die eigentlich im Anschluss ihre Kinder besuchen wollte, fährt doch gleich wieder zurück, will alleine sein.

Sie verlässt die Autobahn, findet sich plötzlich im Tonbachtal wieder, geht mit dem Hund den geliebten Weg, sinkt auf eine Bank, die im Schatten liegt. Seit Wochen herrschen fast tropische Temperaturen - auch hier im Schwarzwald. Die Hitze flimmert über dem Tal.

Bilder glücklicher Tage fließen, zu Schimären geworden in die flirrenden Luftbewegungen über den Dächern...

Nein, denkt sie - es ist keine Bitterkeit in mir. Und dann fällt ihr diese wunderschöne Textstelle am Ende des gerade gelesenen Buches von Javier Marías ein: 'die Liebe hat immer eine imaginäre Dimension, so greifbar und wirklich wir sie auch in einem gegebenen Augenblick empfinden. Sie harrt immer ihrer Erfüllung, ist das Reich dessen, was sein kann. Oder aber dessen, was hätte sein können...'

Epilog

Die brütende Hitze dauerte bis Mitte August fort.

Annia saß auf ihrem Küchenbalkon, den sie mit blauen Lobelien, Verbenen, zarten Bornholmer Margeriten, vielen Kräutern in blauglasierten Keramiktöpfen, blaulackierten Rattanstühlen und vielem mehr in ihrer Lieblingsfarbe zu einer „Rhapsodie in Blue" gestaltet hatte. Der Hund ließ sich die Morgensonne auf den Bauch scheinen - später würde er sich unter die Bank in der Küche zurückziehen.

Lächelnd dachte sie an die letzte Strophe des Gedichts „Ältere Dame ohne Anhang" von Mascha Kaléko, die so perfekt zu ihrer derzeitigen Situation passte:

„...bleibt nur der Hund und das geliebte Buch.
Und, so als Luxus, an den schlimmen Tagen
zur Antwort geben: nein, ich kann nicht klagen."

Nein, klagen konnte sie wirklich nicht. Eigentlich hatte sie ein relativ sorgloses Dasein, gemessen an dem, was Claudius sicher täglich erlebte. Woher nahm er die Kraft, jeden Tag mit den Trümmern seines Lebenswerkes konfrontiert zu werden? Sie dachte viel an ihn, mit dem sie nur noch ab und zu telefonierte, den sie seit fast zehn Wochen nicht mehr gesehen hatte.

Sie füllt die flache, runde Vogeltränke auf, übergießt auch den dicken Flusskiesel, der in der Mitte liegt, mit Wasser und beobachtet, wie er es nun wie aus Poren zu verdunsten scheint, sich seine schiefergraue Farbe mit fortschreitendem Trocknen aufhellt und zum ersten Mal fällt ihr auf, dass die Jahrmillionen auf ihm eine grellweiße, schmale Spur hinterlassen haben. Eine Spur, die eigentlich ein elegant geschwungenes 'C' formt...

Literaturnachweise

Annette v. Droste-Hülshoff „Sämtliche Gedichte"
Mascha Kaléko „In meinen Träumen läutet es Sturm"
Eva Strittmatter „Ich mach ein Lied aus Stille"
Javier Mariàs „ Der Gemütsmensch"
Willi Fischle „Der Weg zur Mitte"
Carl Heinz Klosterhalfen „Ringe und Kreise – Macht und Magie"